번아웃 리커버리 프로젝트

번아웃 리커버리 프로젝트

좋은 쉼을 향한 긍정심리학자의
치앙마이 한 달 살이 실험노트

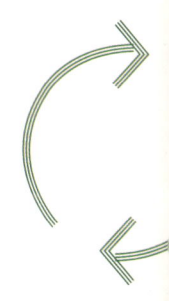

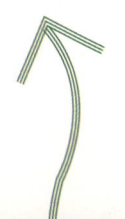

이항심 에세이

여는 말 | 내가 혹시 번아웃이 아닐까

1부. 좋은 쉼을 찾아서

잠시 멈출 수 있는 용기 | 14
엇 박의 순간을 연습합니다 | 16
쉼, 시공간 경계 설정 | 22
'일상의 나'로부터의 해방 | 30
디지털 기기와 거리두기 | 38
무계획이 진짜 계획 | 42

2부. 치앙마이에서 만난 좋은 쉼의 순간들

연결되는 공간

영적인 공간의 쉼, 왓우몽 | 50
성찰과 다정함의 공간, 치앙마이 대학교 | 58
숙소 실험 일지 | 64
일하며 쉬는 초록 공간 | 72
골목길로 걸을 때 만나는 우연한 기쁨 | 76

친절한 커뮤니티

당신의 다양성을 존중합니다 | 82
사람과 사람 사이, 환대의 순간 | 90
나와 타인에게 친철을 연습합니다 | 92
귀여운 것들이 주는 힘 | 98

치유하는 자연

내가 만약 바람이라면 | 102
지구 건전지 충전 시간 | 104
원석의 파동, 사람의 파동 | 106
코끼리 쿠키 만들기 | 110
코끼리 똥이 쓸모 있어지는 곳 | 116
먹는 음식이 곧 그 사람입니다 | 120

긍정하는 마음

고요함이 몸을 감싸는아침 | 126
멈춤을 선택 할 자유 | 128
함께 걷는다는 것 | 134
좋은 날의 이유 | 140

향유하는 예술

향유하는 순간이 치유의 시간 | 144
예술가 마을, 반캉왓 | 148
예술을 사랑한다는 것 | 153

3부. 다시 일상으로

번아웃으로부터 나를 지키며 일하는법 | 158
엇 박과 정박의 조화 | 160

일상 속 지침 방지턱 | 162
더 큰 나와의 연결을 통한 치유 | 168
행복의 크기 | 170
친절한 세상을 만드는 일 | 172

부록: 번아웃 리커버리 가이드
나에게 맞는 좋은 쉼이 무엇인지 고민될 때 176
나에게 좋은 쉼을 찾기 위한 질문들 184

닫는 말 | 우리에겐 저마다의 좋은 쉼이 필요하다

들어가기 전에-작가의 노트

보이는 것을 통해 보이지 않는 가치와 그 순간을
사진으로 기록합니다.
정작 우리에게 중요한 것들은
보이지 않는 것들이 많으니까요.

여는 말

"내가 혹시 번아웃이 아닐까?"

이런 질문을 스스로에게 던지는 사람들이 많아지고 있습니다. 긴 팬데믹의 터널을 지나오면서 정신건강 지수가 전 세계적으로 나빠지고 있다는 연구 결과와 보고서가 넘쳐납니다. 저는 마음건강을 다루는 상담심리학 분야에 있다 보니 더 자주 접하게 됩니다. 지난 몇 년 동안 한국도 예외는 아니었습니다.

특히, 많은 직장인들 사이에서는 번아웃을 호소하는 사람들이 증가했습니다. 번아웃(Burn-out)은 '다 타버렸다'라는 뜻으로 에너지가 소진되었다는 의미입니다. 저도 작년에 '혹시 내가 번아웃인가?'라는 고민을 진지하게 했던 때가 있었습니다. 그 고민은 생애 첫 연구학기를 앞두고 코로나에 걸리면서 시작되었습니다. 사실 저는 작년에 생애 첫 연구학기를 앞두고, 그동안 해보고 싶었는데 해보지 못했던 것들을 다양하게 할 수 있는 시간에 대한 기대를 가지고 있었습니다. 연구학기 동안 소소하게 시도해보고 싶은 버킷리스트만 50개가 넘었답니다. 저의 긴 버킷리스트를 보며 친한 동료 교수님들은 "1학기가 아니라 혹시 5년 동안 연구년 가시는 거였어요?"라고 웃으시며 놀리던 순간이 기억납니다.

하지만 안타깝게도 연구학기를 시작하자마자 바로 20일 뒤에 코로나 확진을 받았습니다. 주변 대다수의 친구들처럼 1~2주 아프고 괜찮아질 줄 알았는데, 저의 경우는 그렇지 않았습니다.

7개월이 넘도록 코로나 후유증으로 호흡이 불편하고, 원인 모를 가슴 통증 때문에 행동에 제한이 생기면서 몸과 마음이 지쳐가는 힘든 시간이었습니다. 계획했던 새로운 활동과 배움, 연구 프로젝트, 여행 및 출장 계획을 전면 수정할 수 밖에 없는 상황이 되었습니다.

신체적, 심리적 에너지가 소진되면서, 평소에 좋아했던 활동들도 의미 없게 느껴졌습니다. 답답하고 불안한 시간들이 길어지고 있었습니다. 이 기나긴 힘든 번아웃의 터널을 더 적극적으로 벗어나기 위해 스스로에게 질문을 던졌습니다.

'지금 나에게 필요한 좋은 쉼이란 무엇일까?'

답이 금방 떠오르지 않았습니다. 생각해보면 그동안 빠른 속도로 쉼 없이 달려오면서, 어떻게 하면 주어진 시간에 더 생산적으로 일을 잘할 수 있을지 고민이 많았습니다. 그렇지만 어떻게 하면 더 잘 쉴 수 있을지, 나에게 좋은 쉼이란 무엇인지에 대해 깊게 탐색하고 경험해볼 수 있는 시간이 부족했다는 사실을 깨닫게 되었습니다.

주변을 돌아보면 '나도 피곤하고 너도 피곤한 일상'이 새삼스럽지 않고 당연해 보입니다. 정말 번아웃의 시대입니다. 번아웃을 단순히 개인적인 문제가 아니라 '쉼'을 게으름으로 치부하거나 경시하는 사회·문화적인 요인으로 해석하는 학자들도 나오고있습니다. 이 시대를 살아가는 한 사람으로서, 지금 나에게 필요한 좋은 쉼을 발견하고 삶에서 적극적으로 적용해보는 방법을 생각했습니다. '미래의 일'을 연구하는 진로심리학자 관점에서도, '쉼에 대한 인식 전환'이 개인적·사회적으로 매우 필요한 시기라고 생각하고 그 이야기를 나누고 싶었습니다.

이 책은 이런 개인적•사회적요인들을 고려하여 번아웃에서 벗어나는데 도움이 되었던 치유의 순간들을 기록하고, 제 삶에 적용해 본 사적인 경험이 담긴 '실험 노트'입니다. 그 사적인 기록을 온전히 작가의 시선으로 담아내보고자 직접 책을 디자인하고, 하나하나 사진을 구성하고 편집해 만들었습니다. 이 책은 저의 기록이기도 하지만, 저처럼 '쉼'을 고민하는 독자들에게 위로와 영감을 주기를 바랍니다.

우리에게 필요한 좋은 쉼의 모습은 각자 다를 것입니다. 현재 어떤 이유로 지쳤든지 자신에게 필요한 좋은 쉼을 발견하면 좋겠습니다. 좋은 쉼이 포함된 건강한 삶을 살아가는데 이 책이 조금이나마 도움이 되기를 바라는 마음으로, 치앙마이에서 경험한 한 달 살이 번아웃 리커버리 여정을 나눠봅니다.

이항심 (Alee)

1부
좋은 쉼을 찾아서

잠시 멈출 수 있는 용기

흰 원고지 위에서 춤추는 까만 글자들,
오늘도 다양한 음표들을 그리며 긴 호흡으로 춤춘다.

늦은 밤 빌딩 창문 너머 반짝이는 전등불,
그 아래 열정의 물방울이 열기를 더한다.

한 바퀴, 또 한 바퀴 그리고 또 한 바퀴,
언제 멈출지는 모른 채 끝까지 달린다.

긴 호흡의 까만 음표의 춤이,
열정의 붉은 물방울들이,
멈추지 않고 연결되어 돌고 도는 여러 개의 바퀴들이,
질문을 던지다.

"너 괜찮아?"

멈춤이 지체하는 시간이 아니라
온전히 나와 연결되는 시간임을 알아차리는 순간,
우리에게는 그 멈출 수 있는 용기가 필요하다.

엇 박의 순간을 연습합니다

2022년 8월의 시작, 코로나에 걸리고 2주가 되었다. 2주 뒤면 많이 회복해서 움직일 수 있으리라 믿었고 미국 출장도 갈 수 있을 줄 알았다. 매년 가던 미국심리학회(American Psychological Association; APA) 출장이었는데, 코로나19 이후 3년 만에 오프라인으로 열린 학회였다. 학회 신포지움 발표와 미팅들도 있고, 무엇보다 오랫동안 얼굴을 보지 못한 친구들과 동료들, 멘토들도 보고 싶었다. 이번 학회는 특히 몇몇 주요 프로그램들을 주관해야 하는 상담심리 분과(Division 17) 인터내셔널 섹션 공동 의장 역할을 수행하는 자리이기도 했다.

하지만 현실은 여행 가방을 쌀 힘도 없었다. 공항에 나가서 줄을 서서 비행기 표를 사는 일은 상상이 안 될 정도로 기운이 없었다. '하루가 지나면 괜찮겠지' 하며 출국 마지막 날까지 기다렸다. 출국 당일 날 아침, 밤 비행기라 병원에 가서 의사를 만났다. 고개를 절레절레 흔드는 의사의 얼굴을 보며, 결국 그날 밤, 9시 비행기와 숙소를 취소했다. 하고 싶은 것을 건강 상태 때문에 못하게 되는 첫 경험은 생각보다 기운 빠지는 느낌이었다.

그러면서 내가 건강할 때는 인지하지 못했던 '건강 특권'에 대해서도 생각해 보게 되었다. '특권'이라는 것이 속성상 사라지기 전에는 알아차리기 힘들다 보니, 늘 감사보다는 당연하게 여겨지기가 쉽다. 그동안 내가 다양한 일을 할 수 있었던 것들 뒤에는 '건강 특권'이 있었다는 사실을 깨닫는 순간이었다. 몸이 아픈 사람들은 일을 열심히 하고 싶고, 사회에 다양한 기여를 하고 싶은 마음이 있어도 하기가 어렵겠다는 생각을 동시에 했다. 그동안 내가 누렸던 '건강 특권'에 깊이 감사하는 마음이 올라왔다.

9월, 새 학기가 되었고 이것저것 하고 싶었던 계획들이 무산되면서 기대와 다르게 연구학기가 시작되었다. 건강이 안 좋아지면서 평소에 좋아하고 재미있게 했을 일도 다 의미가 없어졌다. 물리적으로 할 힘도 없었지만, 의욕조차 떨어지고 번아웃이 말하는 에너지 소진을 경험하고 있었다. 이런 번아웃 상태에서 벗어나기 위해 나는 회복을 위한 쉼에 집중했다.

그런데 마음 한구석에 굉장한 불편감이 올라왔다. 마치 숙제해야 하는데 하지 않은 상태인 듯 답답한 마음이 들었다. 때로는 밤잠을 설치기도 했다. 우선 가만히 쉬는 일이 익숙하지 않고 불편했다. '이렇게 시간을 의미 없이 흘려보내도 되나?'라는 죄책감까지 들었다. 그동안 살았던 시간이 워낙 빨랐다 보니 갑자기 속도를 줄임으로써 오는 어색한 느낌, 불편한 느낌에 적응이 잘 되지 않았다.

그러면서 우연히 연구학기 직전에 관람했던 최근우 작가의 사진전 <당신은 지금 어떠한 박자의 삶을 살고 있나요?(BEATS by OFF_BEAT)>가 떠올랐다. 메트로놈의 가장 느린 박자인 라르고(Largo)부터 가장 빠른 박자인 프레스티시모(Prestissimo)까지 각자 삶의 박자를 생각하고 적어 보는 참여형 전시였다. 나는 그 당시 프레스티시모 박자

BEATS by OFF-BEAT

STUDIO OFF-BEAT
1st Anniversary Exhibition

메트로놈의 가장 느린 박자인 Largo 부터 가장 빠른 박자인 Prestissimo. 당신은 지금 어떠한 박자의 삶을 살고 있나요? 그리고, 당신의 OFF-BEAT는 언제인가요?

우리의 삶에는 운율이 있습니다. 태어나서 이름을 갖고, 세상을 배우며, 사회의 일원이 되어 살아갑니다. 각자의 악보를 그리듯이, 우리는 저마다의 박자로 삶을 연주합니다. 그리고 가끔은 예기치 못한 새로운 박자를 경험합니다. 첫 눈에 반한 순간, 삶의 큰 결정, 진정한 깨달음, 그리고 무심코 떠난 여행처럼. 정박자 속에서 이따금 찾아오는 엇박이 있기에, 삶이 더욱 특별하다고 믿습니다. 스튜디오 오프비트는 당신의 삶의 박자를 듣고, 그 특별한 운율을 기록하고자 합니다.

"필요에 의한 사진만이 아닌, 필연에 의한 사진을 지향합니다."

의 삶을 살고 있었지만, 느린 박자의 삶을 꿈꿨다. 다시 말하면, 나는 연구학기를 앞두고 '엇 박(Off beat)의 순간'을 그리고 있었다. 엇 박은 익숙하지 않아서 어색할 테지만, 연구학기에 다른 박자로 살아보는 연습을 하면서 삶의 연주 폭을 넓히고 싶었다.

그런 의미에서 보자면 당시의 내 상황이 의도한 이상적인 상황은 아니었지만, 결과로는 코로나 후유증으로 신체적 정서적 에너지 수준이 많이 내려가 있어서 반 강제로 연구학기에 라르고 박자의 삶을 연습하게 했다. 전반적으로 빠른 주변의 박자에 휩쓸리지 않고, 스스로도 익숙하지 않은 엇 박으로 살아보는 연습은 나에게 적정한 삶의 박자를 알아차리고 조절하는 데 도움이 되었다.

각자에게 적정한 삶의 박자가 삶의 시기마다 다를 수 있기에, 나에게 현재 필요한 박자를 알아차리기 위한 노력이 필요하다. 그러기 위해서 우리에게 익숙한 박자에서 잠시 벗어나, 삶의 엇 박의 순간을 실험해볼 용기와 연습이 그 시작점이 될 수 있다.

쉼, 시공간 경계 설정

 이전과 다른 엇 박의 삶, 다른 리듬과 박자로 살아보는 연습을 하기 위해 몇 가지 준비 과정이 필요했다. 삶의 박자도 습관도 관성이 있어서 원래 박자대로 돌아가려 하고 또 익숙한 습관과 방식으로 선택하게 된다.

 그래서 처음에는 일주일에 주 3일은 해야 하는 일을 처리하는 데 사용하고, 나머지 2일은 계획을 잡지 않고 자연스럽게 흘러가는 대로 쉼을 위해 비워두는 연습을 했다. 일종의 건강한 쉼의 시간을 위해 바운더리를 설정하는 것이다. 일의 경계뿐만 아니라 쉼의 경계를 조금 더 명확히 하는 연습을 했다.

 이 연습을 하다 보니 시간에 경계를 두는 일로는 한계

가 있었다. 쉰다고 생각하지만, 머리로는 계속 일과 관련된 생각들이 돌아가고 있었고, 할 일들도 끊임없이 보이고 잘 쉰다는 느낌이 들지 않았다.

고민을 하다가 연구년을 미리 경험해본 선배 교수님께 조언을 구하기로 했다. 한국에 오기 전, 첫 직장 미국 오클라호마 주립대학에서 교수를 할 때 나의 첫 멘토였던 조윤정 교수님께 연락을 드렸다. 교수님도 한국에 들어오셔서 성신여대에서 근무를 하고 계셨다. 교수님은 내게 늘 따뜻한 조언과 지혜의 말씀을 나눠주시는 고마운 분이시다.

교수님은 공간의 이동을 제안하셨다. 일상의 속도와 박자에서 벗어나서 재충전이 필요할 때 공간의 이동이 큰 도움이 되었다는 경험담을 나눠주셨다. 이는 과학적으로도 근거가 있는 이야기이도 하다. 환경 심리학에서는 새로운 환경과 공간에서 받는 적절한 자극은 감정의 전환을 촉진하고 인지적 활성화를 통해 몸을 더 건강하게 만드는데 도움을 준다고 한다.

교수님과 통화를 마치고, 길어진 코로나 후유증으로 번

아웃이 된 상태로부터 벗어나기 위해 어떤 공간과 장소가 온전한 회복을 도울지 고민했다. 문득 버킷리스트의 한 자리를 차지하던 '익숙하지 않는 도시에서 한 달 살기' 계획이 떠올랐다.

일상적 공간을 벗어나 새로운 곳에서 한 달 살기는 만약 건강한 상태였다면 더욱 설레고 신났을 일이었다. 그런데 신체와 마음 에너지가 많이 떨어진 상태였고, 친구와 가족들과 여행을 가봤어도 혼자 아무 연고가 없는 곳에서 한 달을 살아본 경험은 없다 보니, 설렘도 있지만 걱정 반 두려움 반이었다. 그렇게 망설이는 시간이 두 달, 세 달 흘러갔다.

나의 망설임을 행동으로 급격히 옮기게 된 이유는 다름 아닌 미세 먼지의 습격이었다! 내가 경험한 코로나 후유증은 호흡 제한과 간헐적 가슴 통증이었다. 증상은 주변 공기가 좋고 나쁜지에 따라 아주 민감하게 반응했다.

공기가 점점 안 좋아지는 겨울이 다가오자, 전쟁을 피해 피난을 가듯, 미세 먼지를 피해 '환경 피난민'처럼 급히 공기 좋은 곳으로 탈출을 시도했다.

장소를 정하는 우선순위는 나무가 많고 공기가 좋은 곳이었다. 추위에 약한 나는 일단 따뜻하고 나무가 울창해서 공기가 좋은 초록초록한 도시를 찾기 시작했다. 체력을 고려했을 때 비행시간이 너무 길지 않고, 나무가 울창하며 초록초록한 곳이어야 했다.

그렇게 떠오른 곳이 바로, 치앙마이.

건강한 쉼을 향한 공간 설정이 되는 순간이었다. 태국하면 방콕, 파타야 등이 유명한데, 치앙마이는 태국의 제2도시로 북부 산지에 위치해서 나무가 많은 곳이라고 한다. 지금 나에게 필요한 '쉼'을 실험하고 경험하기 위한 '힐링 도시'로 좋을 것 같았다.

필요한 쉼의 장소는 상황마다 달라질 수 있겠지만, 당시에는 세 가지 소개 문구가 와닿았다. 첫 번째, '초록초록한 자연이 있는 곳', 두 번째, '예술의 도시', 마지막 '친절한 커뮤니티'였다.

무엇보다 '치앙마이는 지명이 아니라 문화, 느릿느릿 경쟁하지 않고 더불어 사는 삶의 태도가 있다'라는 소개가 마음에 와닿았다. 치앙마이의 문화를 가장 잘 설명하는 단어는 '사바이 사바이'라고 한다. 영어로 '슬로우 슬로우'란 뜻이다. 치앙마이를 소개하는 책에서는 친절하고 느린 도시로 묘사했다. 내가 이번 학기에 연습하고 싶던 바로, 라르고 박자를 가진 도시라는 생각이 들었다.

그리고 친절한 커뮤니티라니… 일상을 조금 더 다정하고 친절하게 사는 법에 관심이 많은 내 호기심을 자극했다. 친절한 개인을 넘어 친절한 커뮤니티를 직접 경험해보고 싶어졌다.

치앙마이는 예술을 사랑하는 예술가들이 많은 도시, 초록초록한 울창한 숲과 커피의 낭만이 가득한 도시라고 한다. 마음이 기우는 요소였다. 단, 치앙마이는 아는 사람이 하나도 없는 곳이었고, 태국어도 하나도 모르는 상태였다. 미국에서 아플 때 먹던 소울 푸드인 '똠양꿍'이라는 단어와 "코쿤카" 인사말 등 단어 한두 개만 아는 채였다.

나의 무모한 치앙마이 한 달 살이는 그렇게 시작되었다.

'일상의 나'로부터의 해방

사회생활을 시작하면 내 이름보다 더 많이 불리는 것이 바로 직책인 듯하다.

O 대표님, O 차장님, O 리더님, O 선생님

나 역시 그런 경험을 했는데, 어느 날 아침 문득, 내가 직장 밖에서도 그 직책으로 정의되는 듯한 느낌을 받았다. 첫 직장생활을 시작한 대학에서는 동료 교수들 간에 또는 학생이 교수를 부를 때 직함보다 이름을 부르곤 했었다. 한국에 오고 나니 이름을 들은 일이 거의 없고 그냥 '교수님'으로 통용되었다.

무엇이 좋고 나쁘다기보다 그냥 문화가 다를 뿐이다. 하지만 주로 직장 안에서뿐만이 아니라 밖에서도 주로 직책으로 불리는 우리나라에서는 상대적으로 직업이나 직책이 그 사람 정체성의 큰 부분을 차지하는 인상을 받게 된다. 그래서 많은 경우 은퇴한 뒤에 자신의 직책이 사라졌을 때 높은 상실감을 느낀다는 말이 더 많이 나오는 듯싶다. 은퇴를 한 것인데, 마치 '내'가 사라진 느낌이라는 한 대표님의 말이 떠오른다.

내가 하는 일이 나라는 사람을 설명하는 중요한 부분은 맞지만 전체는 아닐 터이다. 직책이 일터 밖에서도 내 주요 정체성으로 인식이 되면, 위의 대표님의 사례처럼 은퇴 후 정체성 상실을 경험하거나 개인이 가진 다양한 모습, 색깔들이 잘 발현되기 어려운 상황도 종종 생길 수 있다.

이와 관련해서 최근 몇 년 동안 관심 있게 연구하고 공부하고 있는 해방 심리학(Liberation Psychology)이라는 분야가 있다. 이는 개인이 개인을 구성하는 특정 정체성, 예를 들어 직업이나 인종, 성별과 관련된 고정된 사회나 문화의 규범에서 벗어나, 자신의 삶을 더 창의적이고 자유롭게 살아갈 수 있도록 돕는 이론 중 하나이다.

많은 경우 자신도 모르게, 사회와 규범이 정의한 틀에 갇혀서, 다양한 나의 잠재력을 제한하거나 표현하기 두려

워하는 경우도 있다. 이 틀은 사회가 씌우기도 하고 개인이 스스로에게 씌우기도 한다.

나 역시 내 일을 좋아하고 사랑하지만, 또 다른 내 잠재력이나, 새로운 모습들을 만나고 싶은 욕구가 있다. 나는 엉뚱하고 장난치기도 좋아하며, 예술을 사랑하고, 해보지 않은 새로운 일에 도전하기를 좋아한다. 그런데 나도 모르게 '직업'이라는 프레임으로 나를 제한하는 것은 아닌지, '익숙한 나'에게 정체된 것은 아닌지 질문을 던져보게 된다.

직업이 나라는 사람의 다양한 정체성과 모습을 담아낼 수 없기 때문에, 연구학기를 시작하면서 이전에 살아보지 않았던 박자로 새로운 삶의 방식을 연습해보고 싶었다. 내 새로운 실험의 계획은 이러했다.

'직책 베이커를 넘어서 이름과 다른 이름으로 살아보기'

항상 '항'에 깊을 '심'이라는 뜻이 담긴 부모님이 주신 이름도 좋아하지만, 성장하면서 알아차린 내가 중요하게 생각하는 가치와 의미를 담아 스스로의 이름을 지어보고

싶었다. 무엇보다 익숙하지 않은 이름과 정체성으로 살아보기 위한 시도이기도 했다.

새로운 이름을 짓기 위해 고민하다 전 세계 사회 혁신가들을 발굴하고 팔로우십을 통해 지원하는 일을 하는 아쇼카 코리아 이혜영 대표에게 연락을 했다. 평소에 혜영 대표의 또 다른 이름에 담긴 뜻이 멋있다고 생각했고 어떤 방식으로 짓게 되었는지 궁금했기 때문이다.

그녀는 조슬린(Jocelyn)이라는 영어 이름을 성인이 된 후 본인이 중요하게 생각하는 가치를 담은 영어 단어의 약자를 따서 지었다고 했다. 그리고 한번 이름을 짓고 끝난 것이 아니고, 삶에서 자신에게 중요한 가치를 주는 단어들을 계속 발견해서 이름 약자에 뜻을 추가하고 있다고 했다. 정체성도 정지된 것이 아니라 계속해서 확장되고 성장하는 것처럼, 이름에 고정된 의미를 부여하는 것에서 벗어나 이름에 담긴 의미가 함께 커지고 성장하는 방식이 더욱 마음에 와닿았다.

그러면서 이름에 대한 어원이나 뜻을 설명해주는 사이트를 하나 소개해주셨다. 나는 고민을 하다가, 내가 가진 한국 국적인 정체성과 패밀리에 기반하되 'Another'의 의미와 함께 그리스어의 첫 글자 Alpha의 A를 포함한 'ALEE'라는 이름이 떠올랐다. 이름의 어원과 뜻을 설명해주는 사이트를 살펴보니 'Aleena'라는 이름은(애칭 Alee) '통찰적인, 예술적인, 친절한 평화주의자'와 같은 의미를 담고 있었다. 현재 나의 특성과 내가 중요하게 생각하는 가치와 잘 맞는 이름인 것 같았다.

가까운 지인들에게는 직책 말고, 연구학기 동안은 새로운 이름으로 불러달라고 부탁했다. ALEE는 연구학기에만 나타날 수 있으니 만날 시간이 얼마 없다며 부지런히 만나라고 농담을 건넸다.

우리는 일상적으로 불리는 명칭에서 의식적으로 또는 무의식적으로 생각과 행동에 영향을 받는다. 일터 밖에서 가능하다면 잠시 직책만이 반영된 명칭에서 벗어나보는 것이 더 다양한 나를 만날 수 있는 좋은 방법이 되기도 한다. '일상의 나'로부터 해방감을 가지고 자유로워지는 연습. 그 자유로워지는 연습을 통해서 '일하는 자아' 뿐만이 아니라 통합적인 관점에서 '나'를 만나게 되고, '진짜 나'와 조우할 때 자기다움에 기반한 '내가 좋아하는 쉼'의 모습들을 발견하게 된다.

디지털 기기와 거리두기

좋은 쉼을 통한 '번아웃 리커버리 프로젝트'를 준비하면서 스스로에게 규칙 하나를 세웠는데 바로, '디지털 기기와 거리두기'였다. 팬데믹 시대 사람들과 거리두기를 하며 일상생활을 거의 디지털 기기에 의존하다 보니 내가 마치 16인치 컴퓨터 안에 갇힌 가상 인간처럼 느껴지는 순간들이 많았다. 심할 때는 화상으로 8시간 연속 수업과 회의를 줌(화상 회의)으로 진행할 때도 있었고, 다양한 학교 행사인 졸업식과 개강 파티도 줌으로 진행을 했다.

이런 시간이 2년 동안 지속되면서 나는 몸의 독소를 빼내는 '디톡스'가 아니라 '(디)줌톡스'가 절실히 필요함을 느꼈다. 다행히 2022년 연말, 전 세계적으로 코로나가 조

금씩 안정화기로 돌아서면서, 치앙마이에서 한 달 동안은 사람과 거리두기가 아닌 디지털 기기와 거리를 둘 계획을 짤 수 있었다.

처음에 디지털 기기 사용을 제한하려니 익숙하지 않았다. 늘 디지털 기기를 확인하는 버릇 때문에 불안했다. 잠자는 동안만이라도 확인하기 어려운 곳에 두고자 일부러 침실에서 가장 먼 신발장 서랍에 핸드폰을 넣어보기도 했다. 그렇게 조금씩 디지털 기기와 거리를 두는 시간을 늘렸다.

서랍에 핸드폰을 넣고 잠시 잠그는 아이디어는 몇 년 전 심리학과 후배 예린이와 방문했던 시드니의 유명한 레스토랑에서 얻은 것이기도 하다. 그곳은 스테이크 집으로 유명했지만 간판도 잘 안보이고 입구도 찾기 어려운 집이었다. 레스토랑은 바로 입장을 할 수 없고, '웰컴 드링크'를 마시면서 대기 장소인 것 같은 분리된 바 같은 공간에서 기다려야 한다. 손님은 들어갈 차례가 되어야 레스토랑으로 안내를 받는다.

특이하게도 레스토랑에 들어가기 전, 입구에서 핸드폰을 나무로 된 서랍에 넣고 열쇠로 잠근 다음에야 식사 테이

블로 입장할 수 있었다. 아마도 오롯이 음식과 일행들과의 대화에 집중하도록 그런 시스템을 만들지 않았나 싶다. 그러다보니 레스토랑에서 먹은 스테이크 풍미와 그곳의 분위기는 내 감각과 기억 속에 깊이 저장되었다. 그곳은 시드니를 다시 방문한다면 반드시 또 가고 싶은 곳으로 남아 있다.

앞으로 시드니에서 좋았던 레스토랑 경험을 바탕으로 치앙마이에서는 직접 경험하고 느끼는 활동에 더 무게 추를 둘 예정이다. 오감을 충분히 활용해서 내가 그 장소에 온전히 존재함을 알아차리는 그 순간들을 많이 가져보려 한다. 디지털 세상 너머 나의 감각에 집중하며, 내 감각으로 오롯이 느껴지는 세상을 향한 문을 열어본다.

무계획이 진짜 계획

 다른 직종도 그렇지만, 내가 일하는 분야도 촘촘한 계획을 따라 움직이는 문화가 있다. 그래서 이번 여행에서 가장 먼저 떠올랐던 생각은 '최대한 계획하지 말고 흐름에 자유롭게 맡겨보자'이었다.

 그리고 선택지 A, B가 주어진다고 할 때, 원래의 나였다면 선택하지 않았을 것 같은 익숙하지 않은 선택을 일부러 해보려 했다. 즉, 원래의 나라면 A를 택했을 것이라는 생각이 들면, B를 선택해서 경험해보는 것이다. 그것이 바로 내가 가진 습성, 습관, 관성으로부터 벗어나는 엇 박의 삶을 실험하는 데 도움이 될 것 같았다.

처음에는 이런 불확실함이, 계획하지 않는 것이, 그리고 익숙하지 않는 것들을 선택하는 것이 불안하게만 느껴졌다. 하지만 이내 이런 불안함조차도 받아들여보기로 했다. 바로, 익숙하지 않은 낯선 무계획한 삶을 있는 그대로 받아들이는 연습이었다.

실제로 무계획적인 여행은 사람들에게 익숙하지 않은 새로운 문화와 가치관을 체험하게 한다. '무언가를 계획하지 않음'은 자신의 선호도와 욕구를 자연스럽게 발견할 때 도움이 된다고 알려져 있다.

나도 '무언가를 해야지'라는 계획보다 그냥 '회복'과 '치유'라는 키워드만 중심에 놓고 흘러가는 대로 가보자는 마음가짐이었다. 숙소도 당장 비행기에서 내려서 갈 만한 숙소를 대충 정했다. 나머지 숙소들은 있는 동안 탐색해서 마음이 끌리는 대로 가보기로 했다.

태국어 공부도, 원래 나였으면 여행을 가기 전부터 그 나라의 기본 언어는 좀 들여다보았을 텐데, 이번에는 일부러 태국어 책도 덮었다. "'똠양꿍'의 '꿍'이 새우구나'라는 정도였다.

낯선 도시에서 익숙하지 않은 무계획 여정이 나를 어떤 곳으로 향하게 할지, 어떤 친구들을 만나고, 어떤 이야기를 만들지 마음을 내려놓고 그저 따라가는 실험을 하려 한다. 자유도를 최대치로 높인 이번 여정에서 나는 과연 어떤 회복의 순간을 만나는 경험을 하게 될까?

2부
치앙마이에서 만난 좋은 쉼의 순간들

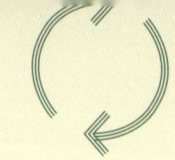

연결되는 공간

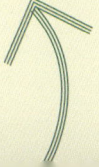

영적인 공간의 쉼, 왓우몽

 치앙마이로 '좋은 쉼'을 찾으러 간 주요한 세 가지 키워드(자연, 예술, 그리고 친절한 커뮤니티) 이외에 가기 전에는 몰랐지만 직접 치앙마이에 가서 경험하면서 알게 된 두 가지 요소가 더 있다. 그중 하나가 바로 치앙마이는 고대 란나 왕국의 아름다운 유적과 함께 불교 중심지이자, 수백 개의 사원이 도시 안에 있는 영적인 도시라는 점이었다.

 실제 치앙마이를 걷다보면 사원이 편의점보다 더 많다는 이야기가 진담인지 농담인지 구분이 안 될 정도로 사원들이 정말 많다. 이 수백 개의 사원은 단순히 종교 활동만을 위한 공간이 아니라, 집회나 축제의 장소로 사용되며 종교와 상관없이 모든 사람들에게 열려 있는 공간이자, 마을

회관, 병원, 사회 복지기관과 같은 역할도 한다고 한다.

역사가 오래되고 아름다운 사원들이 많았다. 그중 1345년에 건립된 치앙마이의 대표 사원 중 하나이자 고대 란나 건축 양식의 화려한 법당을 가지고 있는 왓 프라씽(Wat Phra Singh), 해발 1,053미터 위에 있는 왓 프라탓 도이쑤텝(Wat Phra That Doi Suthep), 그리고 동굴 사원으로 여러 갈래로 난 동굴의 끝마다 불상이 안치되어 있는 것으로 유명한 왓우몽(Wat Umong)이 기억에 남는다. 여기서 'Wat'은 사원을 의미한다.

그중 치앙마이 여정을 통틀어서 가장 깊은 마음의 고요를 경험한 장소를 딱 한 군데 꼽으라면, 바로 왓우몽이다. 왓우몽은 치앙마이 첫째 날, 첫 번째 방문지이기도 하다. 깊은 숲속에 위치한 왓우몽은 700여 년의 역사를 지닌 동굴 사원으로 유명하다. 동굴 사원으로 들어가려면 신발을 벗고 들어가야 한다.

다양한 통로로 연결된 동굴 속을 걸어 들어가면 동굴의 끝마다 작은 공간 속 부처님 상에 꽃이 장식된 곳이 나온다. 그 앞에는 앉아서 기도하거나 절할 수 있는 방석이 깔려 있다.

잠시 나는 화려하지 않은 작은 부처님 상 앞에 앉았다. 숨을 깊이 들이마시고 내쉬면서 마음에 떠다니는 여러 생각을 잠시 옆에 고이 내려놓고 마음을 비워본다. 그러고 나니 동굴 사원의 시원하고 청량한 공기, 700여 년 동안 이곳에 앉아 기도하고 명상을 했던 수많은 사람들의 간절함이 압축된 듯한 냄새와 향이 함께 느껴졌다. 그 냄새와 향은 코로만 느껴지는 것이 아니라 피부를 통해, 그리고 들숨과 날숨을 통해 들어왔다.

말로 형용하기 힘든 고요함이 몸을 감쌌다. 고요함 속에 안전함과 평안함을 느꼈다. 나보다 훨씬 큰 존재와의 연결감이 주는 초월적면서 영적 차원의 안정감이다. 초월적으로 더 큰 존재와 연결된 이런 경험은 우리에게 심리적 안정감을 주고, 삶의 방향성을 제시하고, 의미를 부여하기도 한다.

그러다 삶과 죽음을 생각했다. 죽음과 삶을 인간이 어떻게 할 수 없듯이, 삶 속에는 우리가 조절하고 싶지만 마음대로 할 수 없는 것이 많다. 나 역시 얼른 회복이 돼서 기운이 나면 좋겠다고 생각했지만, 내 마음대로 조절되지 않는 부분도 있다.

무언가를 조절해야 한다는 마음에서 벗어나 보면 조금 더 큰 순리 속에서 감사와 겸허로 흐름을 따라가는 마음을 가지게 된다. 자연과 초월적인 존재 앞에서 나를 내려놓고 겸손해진다.

겸허해지고 겸손해지는 시간, 나는 '나'를 내려놓고 더 큰 존재와 연결되는 그 시간 속에서 고요히 머물렀다. 오래된 깊은 터널 속 동굴 사원 안에서 역설적으로 외부 세계와 단절과 차단을 통해 더 큰 존재와 깊이 연결되는 치유의 순간이었다.

성찰과 다정함의 공간, 치앙마이 대학교

 어떤 곳을 방문할 때, 꼭 들리는 곳 중 하나가 바로 대학교이다. 대학교에서 학생들을 가르치는 일을 하고 있어서 그런지, 그 지역 대학교의 분위기와 학생들이 궁금하다 치앙마이 대학교는 교정을 거니는 사람들의 표정과 배움을 향한 발걸음의 속도, 그리고 학교 내 공간이 함께 어우러져서 나오는 에너지는 어떨까.

 치앙마이 대학교는 1964년 태국 북부에 설립된 최초의 종합 대학으로 세계적으로도 상위권에 위치한 명문대로 알려져 있다. 특히 아름다운 앙깨우(Angkaew)라는 호수와 여유로운 산책로로 사람들에게 인기가 많은 곳이다.

실제로 가서 보니 생각보다 호수가 커서 놀랐는데, 호수 주변에 큰 산까지 있어서 인상적이었다. 큰 호수에 비친 거대한 산의 모습을 한동안 바라보았다. '교육'이라는 것도 우리 자신을 오롯이 비추어 바라보게 하는 과정이듯, 마치 그것을 형상화 한 장면처럼 느껴졌다.

순간 커다란 야외 수업 교실에 와 있는 듯한 생각이 들었다. 산을 오롯이 비추는 맑고 고요한 호수처럼, 그 누군가에게 평가의 눈을 벗어나 있는 그대로 비추어 주는 존재가 되어 주기를 기원했다. 또 나 역시 타인의 눈을 통해 오롯이 나를 있는 그대로 비추어 바라볼 수 있는 경험을 하기를, 서로가 서로에게 그런 존재가 되기를 바라는 마음으로 호수 한 바퀴를 돌아보았다.

삼삼오오 학생들과 지역 주민들, 관광객 무리들이 해가 뉘엿뉘엿 떨어지는 호숫가에서 앉았다. 저마다의 하루가 노을처럼 잔잔하게 마음을 물들이며 지는 순간이었다. 쉼과 멈춤이 있는 시간, 고요하고 평화로워 보이는 오후였다.

호숫가를 지나 학교 안으로 들어가 보니, 귀여운 코끼리들로 꾸며진 초록초록한 정원이 눈에 들어왔다. 만약 내가 학생이라면, 코끼리들과 함께 등교하는 기분으로 즐겁게 학교를 다닐 수 있을 듯했다.

초록색으로 뒤덮인 캠퍼스를 걷다 무심코 옆을 보니 세상에나, 나무를 껴안고 있는 다정한 초록색 잎이라니… 사람의 모양으로 다듬어진 초록색 잎이 세상 다정하게 나무를 안고 있는 모습에 나도 모르게 걸음을 멈췄다. 이런 작품을 만든 학교와 작가의 마음이 따뜻하게 전달되었다.

치앙마이 대학을 돌아보고 나오면서, 미래 교육의 방향성에 대한 키워드 세 가지가 자연스레 머릿속에 떠올랐다. 직업병은 어쩔 수 없는 일이다. 바로, '성찰(Reflection)', '다정함', 그리고 '자연과 인간의 공존'. 많은 학생들을 만나면서 수업 시간을 통해 가장 중요하게 가르치고 전달하고 싶은 키워드인데, 치앙마이 대학교에서 직접 눈으로 보고 느끼게 된 순간이었다.

'나를 있는 그대로 바라보고 성찰할 수 있는 용기'

'자연과 타인에게 더 다정하고 따뜻하게 대하는 것'

치앙마이 대학교를 돌아 나오며 추구하는 미래 교육의 키워드를 마음에 새겨본다. 그리고 좋은 쉼의 경험을 주었던 치앙마이 대학교를 눈과 마음에 담아본다.

숙소 실험 일지

이번 한 달 살이 여행을 할 때, 기회가 되면 내가 가장 좋은 쉼을 쉴 수 있는 숙소들의 특징을 한번 경험하고 실험해보고 싶다는 생각이 있었다. 그래서 도착 첫날부터 3일 정도 머무를 호텔만 정했다.

그다음은 직접 살펴보고 마음 가는대로 여러 지역과 다양한 종류의 숙소들을 경험하기로 했다. 한 5~6일 정도씩 나누어서 5개의 다른 종류의 각기 다른 지역별 숙소들에 머무르며 일종의 실험을 해보았다.

▶ 님만 해민, 항동, 나이트 바자, 올드타운

-님만 해민: 주로 한국 사람들이 가장 선호하는 깨끗하고 모던 분위기의 숙소

  -항동: 도심과 조금 떨어져 있는 유럽 풍의 숙소

  -나이트 바자: 나이트 마켓이 열리며 옆에 핑강이 자리 잡고 있는 아기자기한 아파트

  -올드타운1: 사원이 많이 모여 있어 태국 전통 문화를 느낄 수 있는, 글로벌 스탠다드 호텔 느낌의 숙소

  -올드타운2: 공원이 가까운 곳에 위치한 태국 전통 분위기가 나는 동네의 아담한 크기의 숙소

  다양한 형태의 숙소 실험을 하면서 내가 알아차린 것은 내가 더 편안하고 에너지가 잘 충전된다고 느끼는 숙소가 가격에 비례하지 않았다는 점이다. 오히려 가장 만족도가 높았던 숙소는 다른 4개의 숙소보다 상대적으로 비싸지 않았지만 공원과 가깝고 테라스가 있으며, 전통 태국식 지붕에 예쁜 노을이 걸쳐서 보이는 풍경이 아름다운 곳이었다.

  그리고 무엇보다 숙소가 규모는 크지 않지만, 오히려 직원들이 머무는 게스트를 다 알고 친밀하게 안부를 나누며 가족 같은 분위기의 숙소에서 가장 잘 쉬고 있다는 느낌이 났다.

반면에 가격은 가장 비쌌던 숙소가 오히려 가장 만족도가 낮았는데, 왜 그랬는지 살펴보니 숙소는 깨끗하고 고급스러웠지만, 테라스가 없고 밖에 바로 큰 도로가 있었다. 소음을 막느라 이중 창문으로 되어서 창문을 활짝 열어서 자연을 느끼기가 어려운 구조였다. 그리고 직원들은 친절했지만 사무적으로 대하는 느낌이 강했다.

숙소 실험을 하면서 우리나라 사람들은 많은 경우에 아파트에 가장 많이 살지만, 각자 편안함을 느끼거나 쉼을 느끼는 지점이 다를 수 있다는 생각을 해본다. 나 같은 경우는 자연과 더 가까운 형태의 큰 창문과 테라스가 있는 곳, 대리석 재질보다는 나무 재질로 이뤄진 곳, 전 세계 표준화된 인테리어나 디자인 설계보다는 그 지역에 고유한 특성과 문화가 잘 어우러져 있는 곳, 그리고 그곳에 머무르는 사람들 사이 따뜻함이 느껴지는 곳에서 더 편안함을 느꼈다.

공간이 주는 힘은 생각보다 크다. 내가 가진 에너지를 잘 담아주기도 하고 필요한 에너지를 다시 충전시키기도 하며, 반대로 내 에너지를 흘려보내거나 소진시키기도 한다. 무엇보다 남들에게 좋은 공간이 나에게도 좋은 공간이 아닐 수 있다. 그것을 스스로 알아차리는 일이 중요하다.

나에게 어떤 공간에서 더 마음이 편하고 숨이 더 잘 쉬어지고 기분이 좋은지 깊이 생각해 보아야 한다. 타인의 시선이 아니라 내 감각과 마음에 더 집중하고 귀 기울일 때 그 공간이 나에게 "여기야!"라며 반갑게 손을 흔들 것이다.

일하며 쉬는 초록 공간

일하는 공간에 대한 관심은 팬데믹 이후로 회사에서도 개인들 사이에서도 커지고 있다. 재택근무를 하면서, 재택 오피스를 어떻게 꾸밀 것인가에 대한 고민부터 거점 오피스, 공유 오피스, 아니면 치앙마이나 제주도처럼 아예 다른 공간에서 일하는 방법 등 다양한 실험이 이뤄진다. 모두가 자신이 가장 일하기 좋은 공간을 찾고 탐색한다.

나 역시 치앙마이에서는 건강 회복을 일순위로 놓고 꼭 해야 하는 몇 가지 업무들을 처리하기 위해서 햇살이 뜨거운 12시부터 4시까지 주요 워킹 시간(Working hour)으로 정했다. 그리고 집중이 잘되는 곳을 찾아다녔다.

치앙마이는 조용하고 예쁜 카페들이 많아서 창밖을 바라보며 일하기도 좋은 곳들이 많았고, 또 주변에 공유 오피스들도 잘 되어 있었다. 그중 옐로우(Yellow)라는 공유 오피스에는 초록초록한 뒤뜰이 멋졌다. 안으로 들어가면 입구에 작은 초록 식물들이 "나를 데려가 주세요"라는 귀여운 푯말 앞에 옹기종기 모여 있었다. 개인 업무 책상에 가져다 놓을 수 있는 작은 크기의 식물들이었다.

실제 많은 연구 결과에서도 보고되었지만, 식물들은 오피스 환경에서 정서적 안정감을 높이고 긴장감을 낮추면서 스트레스를 완화시키는데 효과가 있다고 알려졌다.

나 역시 초록초록한 식물에 둘러싸여 일하다 보면 실제로 훨씬 덜 피곤하고 집중도 잘되는 경험을 하곤 했다. 공유 오피스들에는 초록 식물들뿐만이 아니라, 쉴 수 있는 예쁜 공간들이 실내와 야외 곳곳에 구성되어 있었다.

일하는 공간과 쉬는 공간은 이제 분리된 공간이 아니라 통합되어 가는 추세임을 느낄 수 있었다. 쉼은 거창하게 하루나 반나절을 빼야만 누릴 수 있는 것이 아니고, 우리가 열심히 일하는 중에도 아주 잠시의 찰나의 순간에도 누릴 수 있는 것이다.

나에게는 그런 기억에 남는 찰나의 좋은 순간은 바로, 초록색 푸른 잎들이 보이는 카페에 앉아서 열심히 노트북으로 원고 작업을 할 때였다. 잠시 고개를 들어 창밖 나뭇잎 사이로 반짝이는 햇살이 눈이 부셨다.

이렇게 일하는 동안 만난 찰나의 반짝이는 좋은 쉼의 순간들은 기분좋은 기억으로 저장된다.

골목길로 걸을 때 만나는 우연한 기쁨

 한국에서는 목적지를 갈 때 가장 빠른 길이 어딘지를 파악하고, 빠른 길로 간다. 하물며 택시를 타더라도(대개 늦어서 타는 경우가 많아서일 수도 있지만), "아저씨, 빠른 길로 가주세요"라는 말을 종종 한다. 주로 대로변, 대로 중에서도 더 빠른 길을 찾아다니는 것에 익숙하다.

 치망마이에서는 주로 길을 선택할 때, 목적지에 중심을 둔 '빠르고 큰 길'이 아니라 목적지로 가는 여정에 중심을 둔 '다른 사람들이 사는 모습과 주변 풍경을 천천히 음미할 수 있는 골목길'로 걸어 다녔다.

 그렇게 선택의 무게 추를 살짝 옮겼더니 완전히 다른 세계가 눈에 들어왔다.

여행할 때 목적지가 아닌 순간순간을 더 깊이 천천히 음미할 수 있는 길을 선택하면 생각지 못한 경험을 하게 된다. 여행책자에 소개되지 않은 의외의 공간들을 만나고 그곳에 마음을 빼앗기기도 한다. 계획하면 내가 계획한 이상의 경험을 하기 어렵다. 하지만 삶은 내가 계획한 것 이상으로 풍부하다.

하나의 좋은 예가 바로 캄 빌리지(Kalm Village)이다. 이곳은 실제 골목길을 걷다가 우연하게 발견된 곳인데, 내가 치앙마이에 있을 당시 오픈한 지가 얼마 안 되어서 많이 알려지지 않은 곳이었다. 캄 빌리지는 아름다운 건축물, 그 안에 다채로운 형태의 예술, 공예 및 문화가 어우러져서 서로와의 관계를 확장시키는 포용적인 공간이자 내가 좋아하는 자연과 예술의 합주 속 휴식을 취할 수 있는 공간이었다.

꼬불꼬불한 골목길 위에서 만난 생각지 못한 다양한 우연을 반갑게 맞이해 본다. 그리고 그곳에 잠시 머무르며 음미해 본다. 목적지는 같더라도 가보지 않는 다른 골목길로 걸어 다녀본다. 효율성을 위해 우리가 매 순간 놓쳤던 것들에 대한 아쉬움과 깨달음이 담긴 발걸음이다.

친절한 커뮤니티

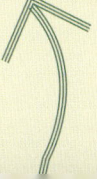

당신의 다양성을 존중합니다

 어떤 장소에서 좋았던 경험을 하면, 다시 그곳을 찾게 되곤 한다. 요즘 내가 더 주목하는 장소는 물리적으로 좋았던 곳보다도 보이지 않는 것이 좋은 곳이다. 보이지 않는 것의 예는 그 지역의 문화, 사람 사이의 오가는 정, 그 공간이나 도시가 주는 에너지가 있다. 어떤 곳은 불편하고 긴장된 에너지가 감도는 데 반해, 어떤 곳은 특별한 것이 없어도 그저 마음이 편안하다. 치앙마이가 나에게는 그런 쉼의 장소였다.

 사실 혼자 여행을 오기 전에는 걱정을 많이 했다. 팬데믹 이후에 아시아인을 향한 혐오나 '묻지 마, 폭행' 이슈를 보면서 혼자 여행을 다니는 것에 대한 두려움이 생겼기 때문이다. 종종 해외 출장이나 여행을 계획할 때, 뉴스에서 유럽이나 미국에서 공공장소로 대표되는 지역 슈퍼마켓이나 길거리, 공원에서 일어난 인종 혐오로 벌어진 사건을 보면서, '심리적·신체적 안전감'이라는 키워드가 가장 우선순위로 올라오곤 했다.

치앙마이에 직접 가서 경험하기 전에는 몰랐던 두 가지 매력 중 마지막 하나는 바로 치앙마이가 인종적, 문화적 다양성이 높고, 그 다양성이 존중되고 잘 어우러져서 다양한 국가에서 온 여행자들이 심리적으로 안전하다고 느낄 수 있는 곳이라는 점이다.

치앙마이는 알고 보니 전 세계 디지털 노마드의 성지였다. 문화적으로 다양성을 존중하기도 하면서, 빠른 인터넷을 기반으로 공유 오피스들도 잘되어 있어서, 아시아보다 유럽에서 먼저 디지털 노마드의 성지로 유명세를 탔다고 한다.

그래서 그런지 치앙마이에서 만난 친구들은 아시아 쪽보다는 전체적으로 독일, 프랑스, 노르웨이, 스페인, 캐나다, 영국 등에서 온 친구들이 많았다. 이들은 잠시 치앙마이에서 일하면서 쉬러 왔다가 한 달이 6개월이 되고, 6개월이 1년, 2년이 되어가는 장기 거주자들도 있었다. 한 번 온 사람보다 두 번에서 세 번 이상 방문했던 사람들이 의외로 많았다.

그래서 처음 만난 사람들과 인사를 나누다 보면, "몇 번째 방문이세요?"라는 질문을 많이 한다. 이는 치앙마이가 미국이나 유럽보다 기반 시설은 약하지만 사람들이 자주 방문하도록 끌어당기는 매력이 있기때문이다. 보이지 않는 따뜻한 에너지와 인종, 문화적 다양성이 존중되는 편안함이 있다.

치앙마이는 익숙한 문화권에서 잠시 벗어나서, 새로운 관점에서 나의 모습을 탐색하면서 엇 박의 다양한 삶을 연습하기에 안전한 도시였다. 그러면서 내가 그동안 이곳에서 느낄 수 있는 다양성의 문화를 그리워했다는 사실도 깨닫게 되었다.

아마 나처럼 이곳을 찾아온 많은 다른 친구들도 자신이 속한 문화적 맥락을 더 깊게 들여다보고, 생각을 정리하는데 도움을 받으러 왔다는 느낌이 들었다. 그 이유는 사색하고 생각을 정리하려고 방문하는 사람들이 많아 보였기 때문이다. 직장에서 퇴사하고 온 MZ 세대들, 이직 준비하면서 다음 계획을 짜기 위해 온 다양한 연령대의 직장인들, 연인이랑 헤어지고 온 사람들, 은퇴자들 등 각자의 삶에서 해결하고 싶은 답을 찾기 위해 온 사람들이 많았다.

스스로 자신을 깊게 이해하고 싶을 때, 다양성이 존중되는 문화권에 있다면 큰 도움이 된다. 내가 몰랐던 내 안의 다양성을 존중하는 태도를 배우기도 하지만, 또 내 안의 다양한 모습들이 발현되도록 허락할 수 있는 심리적 안전감과 수용도도 높아지기 때문이다. 온전한 나를 탐색하고 경험하는 순간이다.

이렇듯, 치앙마이에서 만난 좋은 쉼의 순간은 내 스스로 또는 타인의 평가에 대한 두려움을 낮추고 다양한 나의 모습과 삶의 방식을 탐색하고 경험하는 순간이었다.

사람과 사람 사이, 환대의 순간

 사람과 사람이 만나는 순간이 이렇게나 따스하고 아름다울 수 있을까?

 치앙마이에서 그러한 감정을 느끼게 해 준 인 요가 스승님이였던 오스트리아에서 온 마로(Maro), 독일에서 온 라스(Lars). 마로는 인도에서, 라스는 히말라야에서 요가 수련을 받았다고 한다.

 영혼이 아름다운 두 사람이 온 마음으로 세상에 대한 경외와 감사의 인사를 건넨다. 그 따뜻한 환대의 에너지가 주변을 감싸며 공동체적 치유의 힘(The Power of Collective Healing Energy)을 만들어 낸다.

나와 타인에게 친절을 연습합니다

팬데믹 시대를 지나면서 '다정함', '친절함'에 꽂혀 '친절한 세상'을 만드는 일에 한참 관심과 열을 올리고 있었다. 실제로 친절함과 다정함이 전 세계가 팬데믹으로 고립되었을 때, 우리가 서로를 버티게 했던 가장 큰 힘이었다. 내가 웰빙 및 공동체 행복 연구를 하는 이유, 친절함의 힘에 주목하는 이유는 유학시절을 통해서 개인적으로도 많이 공감하기 때문이다. 그러다 보니, 연구와 수업을 통해서 또는 커뮤니티 활동들과 독서 모임을 통해서 이 주제로 가능하면 많이 나누고자 노력하고 있었다. 그러던 와중이라 더욱 치앙마이를 묘사하는 '친절한 커뮤니티'라는 문구에 마음을 쏘옥 하고 빼앗겼는지도 모르겠다.

치앙마이에 도착해서 약 일주일 동안은 커뮤니티 활동에 참여하지 않고 혼자서 시간을 보냈다. 가만히 혼자 쉬는 온전한 쉼의 시간이 필요하기도 했고, 원고 마감도 하나 있어서 스스로 세상과 차단하는 시간이 필요하기도 했다. 무엇보다 낯선 세계에 들어가기 전 관찰자로서 시간이 필요하기도 했던 것 같기도 하다.

그렇게 혼자만의 시간을 보낸 뒤, 치앙마이에서 첫 번째로 만난 친절한 커뮤니티는 호흡을 안정화시키는 데 도움을 받고자 찾은 요가와 명상 커뮤니티였다.

내가 방문한 곳은 Yoga in the Park라는 곳이었다. 커뮤니티 이름처럼 말 그대로 공원에 모여 요가 수련을 함께하는 누구에게나 열린 커뮤니티였다. 낯선 곳에서 어색하게 첫 수업을 참여했지만, 사람들은 새로 온 멤버에게 친절한 환대로 인사를 건넸다.

캐런이라는 친구가 이 모임을 주최했는데, 누구나 무료로 수업을 참여할 수 있었다. 요가를 가르치는 선생님들도 기꺼이 무료로 자원해서 요일별 수업을 진행했다. 한국에서 요가 수업을 몇 번 들었지만, 여기서는 수련하는 요가 종류가 굉장히 다양했고 요일별로 체험할 수 있는 요가가 달랐다. 쿤달리니 요가, 인 요가, 하타 요가 등 다양한 요가를 경험해 볼 수 있었다.

나는 매일 아침 두 시간씩 요가 수업에 참여하면서 모닝 루틴을 만들어갔다. 요가를 한 뒤에는 친구들과 차를 내려 마시며 서로 안부를 묻기도 하고 흥미로운 대화를 이어갔다.

금요일은 수업 이후 금요 피크닉 타임이 있었는데, 각자 간식, 티, 커피를 가지고 와서 나누어 마시며 태국어를 배우는 시간을 가졌다. 치앙마이에 산 지 오래된 50~60대인 듯한 노이(Noi)는 멤버들에게 간단한 태국어를 가르쳐주었다. 언어를 매개로 서로 배우고 차담을 나누면서 서로에 대해 알아가는 사교 시간이었다. 세계 여러 나라에서 온 우리는 태국어 억양과 발음이 각자 다른 방식으로 서툴렀지만 그래서 더 재미있었다.

커뮤니티에 있는 사람들은 새로 온 사람들에게 열린 마음으로 친절히 대했다. 치앙마이에서 있다가 떠나는 사람들은 새로 온 사람 중에 요가 매트가 필요한 사람에게 자신의 요가 매트를 사용하라고 주기도 하고, 서로에게 필요한 정보와 도움을 기꺼이 나눠주는 공간이었다.

그런데 갑자기 예상치 못하게 우리가 수업을 하던 공원이 꽃 축제를 준비하느라 3주 동안 문을 닫게 되었다. 요가 수업을 할 장소가 없어질 처지였다.

감사하게도 이 커뮤니티의 멤버 중 공원 근처에 거주하는 이코(Eiko)가 기꺼이 자신의 앞마당을 요가 수업을 위한 공간으로 제공하겠다고 나섰다. 다만, 앞마당에 돌도 있고 요가 수업을 하기에는 조금 험해서 사람들이 다치지 않도록 땅을 평평하게 고르는 작업이 필요했다. 우리는 삼삼오오 모여 마당을 고르는 작업을 함께했다.

그 덕분에 많은 사람들이 이코 앞마당에서 요가 수업을 빠지지 않고 할 수 있었다. 3주 동안 매일 월요일부터 일요일까지 앞마당을 흔쾌히 내주는 집 주인도, 또 함께 공간을 꾸미고 가꾸고 만들었던 멤버들도, 매일 수업을 가르치러 오는 선생님들도, 함께 수련하는 친구들도 하나로 연결된 유기체처럼 모든 것이 어색하지 않고 자연스러웠다.

푸릇푸릇한 자연 속에서 새소리를 들으며 다양한 국적의 사람들과 요가 명상 수련을 하면서 깊은 호흡으로 나와 타인, 그리고 주변 나무와 꽃들에게 더 친절함을 베푸는 연습을 했다. 자신에게 그리고 타인에게 친절함을 훈련하는 매일 아침 요가와 명상 수련 시간들 속에 치유의 본질을 경험한 느낌이었다.

귀여운 것들이 주는 힘

길을 걷다가 우연히 우연한 장소에서 만난 귀여움에 웃음이 번질 때가 있다. 치앙마이 길 위에서 자주 마주친 귀여운 작품들은 인위적이라기보다 주변과 자연스럽게 어우러져서 더 편하게 느껴진다.

시골길을 걷는데 우연히 만난 담장 위에 올라간 고양이 조각들, 카페나 음식점 식탁에 놓인 앙증맞은 캐릭터들이 발걸음을 멈추고 웃게 한다. 자신의 집 앞을 걷는 사람들, 카페나 호텔, 레스토랑을 찾은 고객들이 즐거웠으면 하는 주인들의 배려이자 친절함이 담겨 있는 것들이다.

"너무 심각하게 생각하지 말고, 잠시 웃어 보세요!"

마을 곳곳에 숨은 귀여운 존재들이 다정하게 말을 건넨다.

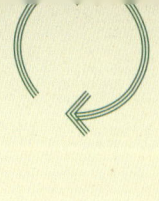

치유하는 자연

내가 만약 바람이라면

내가 만약 바람이라면,
잠시 옷깃을 스치고 지나갈게요.
잠시 머릿결을 쓰다듬고 지나갈게요.

내가 만약 바람이라면,
어두운 마음 잠시 거두어 갈게요.
무거운 마음도 잠시 가볍게 날려서 보내줄게요.

내가 만약 바람이라면,
비 온 뒤 초여름 싱그러운 초록 향기 실어올게요.
나무 사이로 빛나는 햇살 같은 미소 담아올게요.

바람이 되어 잠시
그렇게 함께할게요.

지구 건전지 충전 시간

치앙마이에 와서 가장 강력하게 몸이 치유된 경험을 딱 하나만 꼽으라고 한다면, 나는 명상과 요가 수련할 때 흙마당에서 체험한 어싱(Earthing)의 경험을 꼽는다.

어싱은 실제 지구 표면과 우리 몸을 연결한다는 뜻이며, 맨발 걷기를 연상하면 쉽게 이해된다. 어싱을 자주 하면, 인간에게 필요한 땅속 에너지가 몸속으로 전달되고, 또 나쁜 에너지는 땅속으로 보내서 우리 몸을 건강하게 만든다고 한다.

나는 초등학교 입학 전에 작은 마당이 있던 집에 살았다. 그때를 빼고는 줄곧 아파트에서 살다 보니 땅을 직접 밟아보지 못했다. 운동을 하더라도 양말에 운동화를 신고 아스팔트나 러닝머신 위에서 걷다 보니, 일상 속에서는 흙으로 덮인 맨땅을 맨발로 언제 걸었는지 기억조차 나지 않는다.

하지만 이번 치앙마이에서 태국 친구의 집 앞마당에서 요가 명상 수업을 할 때, '아, 이게 바로 땅의 기운이라는 건가!'라고 강력한 느낌을 받았던 기억이 생생하다. 말로 설명할 수는 없지만, 정말 땅의 자기장이 내 몸을 치유하는 느낌이 났다.

자연과 연결된 그 느낌이 너무 편안해서 잠시 이대로 시간이 멈췄으면 좋겠다는 생각이 들었다. 그 순간에는 마치 거대한 지구 건전지에 충전되는 느낌이었다. 지친 마음과 몸이 지구로부터 위로를 받는 충만한 연결의 시간이었다.

원석의 파동, 사람의 파동

치앙마이에서는 주말에 다양한 주제로 '플리마켓'이 곳곳에서 열리곤 했다. 특히 일요일 밤에 열리는 '선데이 마켓'은 큰 규모의 야시장으로, 수공예품부터 의류, 생활용품까지 다양한 물건들이 약 1킬로미터가 넘도록 전시·판매되고 있었다.

요가 수업과 채식 모임에서 만난 유카(Yuka)와 선데이 마켓을 구경하러 갔는데, 유카는 명상에 조예가 깊고 치유석(원석)을 모으는 취미가 있었다(유카는 방콕에 있는 대학원에서 국제 관계학을 공부하는 학생이었다).

마켓을 함께 구경하다가 그녀의 발걸음이 멈춰진 곳은 작은 원석들을 파는 곳이었다. 치유석에 대해서는 잘 몰랐던 나는 그녀가 돌을 고르는 과정을 물어봤다.

"원석마다 다른 파장과 에너지가 있어서 치유 효과가 조금씩 달라요. 저는 돌을 고를 때 돌이 가진 어떤 치유 효과 때문에 고르지는 않으려고 하고, 직접 만지면서 내 에너지랑 잘 맞는 느낌이 드는 원석을 고르는 편이에요. 내가 현재 필요한 에너지가 원석과 만나서 공명하는 부분도 있기 때문에, 돌을 직접 만졌을 때 느낌이 어떤지 더 집중해서 느껴보고 고르죠."

유카의 이야기는 신비로웠다. 원석에 담긴 치유를 돕는 파장과 에너지라니… 하물며 원석도 그런데, 우리 가까이 있는 사람과 사람 사이에서의 좋은 파장과 에너지를 주고받는 일은 얼마나 큰 영향을 미칠까.

치유석을 고르는 과정처럼 목적이나 기대되는 결과의 관계로 사람을 만나지 말고, 내 에너지랑 잘 맞고 편안한 파장을 나눌 수 있는 사람을 만나는 것. 즉, 머리보다는 마음과 마음으로 사람을 만나는 그 순간이 바로 서로에게 치유인이 되는 순간일 것이다.

코끼리 쿠키 만들기

 '태국' 하면 코끼리가 생각날 정도로 태국에는 코끼리가 많다. 예전에는 유명한 관광지에서 코끼리 트래킹 또는 코끼리 공연 같은 프로그램을 많이 운영했다고 했는데, 이런 행위들이 코끼리의 신체와 정신 건강에 해롭다는 사실이 알려지면서 점차 그 수는 줄고 있다.

 반면에, 치앙마이 외각에는 과거 코끼리 트래킹이나 코끼리 쇼를 하면서 학대받고 다친 코끼리들을 보호하고 치료하는 코끼리 보호 캠프들이 점차적으로 늘어나는 추세다.

 코끼리를 좋아하기에 동물원이 아닌 자연 속에서 행복하게 자신의 삶을 사는 코끼리를 만나고 싶었다.

치앙마이 근처에 코끼리 보호 캠프가 많다 보니, 이 역시 관광 상품처럼 되고 있는 곳이 있다는 이야기를 듣고, 나는 어떤 보호 캠프가 조금 더 윤리적으로 코끼리를 대하는지 정보를 찾아보았다. 그중 현지 친구들이 추천해준 한 코끼리 보호 캠프를 방문하게 되었다. 나중에 알고 보니 코끼리 보호 활동으로 가장 역사가 깊고 윤리적인 방식으로 운영되는 곳이었다. 치앙마이 도심에서 약 1시간 반에서 2시간 정도 떨어진 외각에 위치하고 있었다.

설레는 마음을 안고 코끼리를 만나러 갔다. 함께 간 친구들은 터키에서 온 부부와 아이 둘, 아르헨티나에서 온 연인, 한국에서 혼자 여행 온 친구들 두 명이었다. 거기서 할 일은 코끼리에게 대나무 쿠키 만들어주기, 비타민 볼 제조해서 먹이기, 목욕 시키기 등의 활동이었다.

그곳에는 총 열 마리의 코끼리들이 있었는데, 아직까지 재활 치료를 받는 코끼리도 있었고, 태어난 지 얼마 안 된 다섯 살짜리 코끼리도 있었다. 이곳의 코끼리들은 유유히 걸으며 풀을 뜯어먹고 행복해 보였다. 우리는 큰 테이블에 앉아서 코끼리에게 간식을 줄 생각에 즐겁게 대나무 쿠키를 만들고 비타민 볼을 만들었다.

코끼리를 만나가기 전, 그곳을 안내하는 사람들이 우리가 만날 아시아 코끼리는 특히 지능이 높아서 반복되는 훈련에 높은 스트레스를 받았다고 했다. 이곳에서 처음으로 코끼리를 구제하게 된 이야기를 듣다 보니, 동물을 대할 때 인간 관점에서 벗어나서 동물 복지 차원에서 바라보게 되었다.

코끼리들은 자기들에게 적합하지 않는 방식으로 반복된 훈련에 다쳤던 몸과 마음을 이곳 자연 속에서 치유하고 있었다. 코끼리들에게 대나무 건강 간식을 만들어서 먹이고 함께 산책을 하면서 오히려 내가 치유 받는 느낌을 크게 받았다.

다른 생명체의 회복과 치유를 돕는 일은 어쩌면 나의 치유와 회복을 촉진하는 일이었는지도 모르겠다. 동물이나 인간이나 자신에게 적합한 생활 방식을 존중받으며 살아야 할 귀한 생명체들임을 한 번 더 생각해보게 된다.

코끼리 똥이 쓸모 있어지는 곳

 코끼리를 만나고 와서 코끼리를 향한 관심이 커졌다. 치앙마이 근교에 코끼리 똥으로 종이를 만드는 '코끼리 푸 푸 페이퍼 파크'가 있다고 해서 신기한 마음에 방문해 보았다.

 코끼리는 덩치가 큰 만큼 하루에 300킬로그램 이상의 풀을 먹어서, 그만큼 배설하는 양도 만만치 않았다. 상상이 잘 가지는 않지만, 코끼리 똥은 대부분 섬유질로 되어 있으니 종이가 될 수 있을 듯했다. 실제 가서 보니 섬유질이 많이 포함된 코끼리 똥을 말려서, 솥에 넣고 한번 끓이고 소독하는 과정을 거쳐서 종이로 재탄생 되고 있었다. 그 과정을 하나하나 보면서 설명을 들으니 흥미로웠다.

직접 종이가 염색되는 과정, 종이로 본떠서 말리는 과정을 참여자들과 직접 해볼 수 있었다. 코끼리 똥이 두꺼운 한지 촉감의 종이로 변해가는 과정이 신기했다. 코끼리 똥 종이는 한지보다 약간 더 두께감이 있었고 촉감은 개운하고 가벼웠다.

완성된 코끼리 똥 종이로 노트를 만들거나 여권 커버를 만들 수 있는 프로그램도 있어서 참여했다. 예쁜 색감의 코끼리 똥으로 만든 종이로 다양한 노트들과 여권 커버를 직접 디자인하고 만든다는 사실이 재미있었지만, 무엇보다 생태 친화적이고 순환 경제를 직접 경험할 수 있어서 좋았다.

만들면서도 한국에도 생태 친화적 아이디어로 인간과 자연이 연결되는 프로그램, 실제 생활용품에 적용해서 경제적으로도 도움이 되는 프로그램들이 많아지면 좋겠다는 생각을 했다. 노트 세 개랑 여권 커버를 만드는 동안 시간이 가는 줄 모르고 즐겁게 만들었다.

다 만들어서 나오자 밖에서 기다리던 친구는 밝아진 내 얼굴을 보고 표정이 너무 좋고 행복해 보인다며 놀랐다. 생각해 보니 나는 어렸을 때 이렇게 창의적으로 디자인하고 만드는 것을 좋아하는 어린이였다. 그동안 잊고 있었던 무엇인가를 몰입해서 만드는 활동을 해서 그런지, 행복감이 느껴졌다.

나도 모르게 짓는 비언어적인 표정과 긍정적인 감정을 알아차리는 것은 내가 좋아하는 쉼의 활동을 찾을 때 좋은 나침반이 될 수 있다. 마음 챙김을 통해 내 정서에 더욱 집중하고 에너지가 충전되는 좋은 쉼의 활동들을 하나씩 더 찾아서 실험해야겠다.

먹는 음식이 곧 그 사람입니다

"내가 먹는 것이 바로 나를 만든다."

요가 선생님이 한 말이다(물론 어머니도 나에게 늘 했던 말이기도 하다). 매일 아침 요가 수련을 하면서, 내가 무심코 먹는 음식의 재료와 먹는 행동에 관해서도 다시금 생각해 보는 시간이 많았다.

주로 음식을 선택하고 먹을 때 기준이 되는 것은 맛과 영양분일 것이다. 그런데 요가 수련을 하다 보면 그 음식의 재료들의 관점에서도 생각을 하게 된다. 살생을 가능하면 하지 않고, 살아 있는 생물들은 요리할 때에도 최대한 고통 없이 기절시키고 나서 요리하라는 이야기도 많이 나온다.

또한 화가 난 재료를 많이 먹으면 그 화 에너지가 내 몸으로 전달되기 때문에, 가능하면 요리 시 사용되는 재료들이 스트레스를 받지 않은 환경에서 자란 것을 먹어야 한다고 말하기도 한다.

불교적 문화 배경 때문인지 이런 것들을 고려해서 음식을 먹는 요가 명상 수련자들이 많아서, 치앙마이는 아시아에서 채식 레스토랑이 가장 많은 도시로도 알려져 있다.

실제로 치앙마이 한 달 살기를 하면서 나 또한 육식을 최대한 줄이고 채식 위주로 먹으려고 했다. 생각보다 마음이 편하기도 하고, 무엇보다 '채식과 해산물 위주의 식단이 이렇게 맛있을 수 있구나'라는 경험을 할 수 있었다.

채식에 대한 관심이 커지면서, Eat & Meet in Vege라는 커뮤니티에 들어가게 되었다. Eat & Meet in Vege는 치앙마이 내 로컬 채식 레스토랑들이 사라지는 것을 막고, 좋은 레스토랑들을 널리 알리기 위해 그곳에 가서 먹고 사진을 올리는 활동을 주로 한다. 채식을 사랑하는 사람들의 모임이면서, 지역 주민뿐만 아니라 나처럼 한 달 살기나 단기 여행, 또는 6개월 이상 장기 여행을 온 전 세계 사람들이 모여서 음식에 대한 이야기, 문화에 대한 이야기를 하는 모임이었다.

연령대도 20대부터 60대까지 다양할 뿐만 아니라 국적도 같은 사람이 하나도 없을 정도로 다양했다. 그중 특히 첫 모임 때 옆자리에 앉아서 식사를 하다가 만난 지날(Jeenal)의 이야기는 매우 흥미로웠다. 지날은 인도에서 요가 창시자 중 한 명인 유명한 스승에게 사사받고 치앙마이로 건너와서 Wise Living Yoga Academy 요가 명상 센터를 운영하고 있었다. 그녀는 특히 '음식'이 어떻게 '나'의 정서와 연결되어 있고, 또 신체적인 에너지 흐름과 연결되어 있는지 흥미롭게 소개했다. 그녀의 이야기는 매우 인상적이었다. 그녀로부터 이야기를 더 듣고 싶었다.

지날은 나처럼 궁금해하는 친구들을 위해 고맙게도 원-데이 워크숍을 열었다. 스페인, 캐나다, 인도, 독일, 노르웨이, 파키스탄, 캄보디아, 중국, 일본, 한국, 미국, 프랑스 등 각기 다른 나라에서 온 친구 열 명의 친구들과 '음식과 그 음식에 담긴 에너지가 만드는 나'라는 주제로 진행했다. 우리는 각자 문화권에서 음식을 바라보는 관점을 나눴다.

더 건강하게 먹는 방식, 음식을 매개로 나와 음식물 그리고 자연이 연결되는 하나의 에너지 순환 체계를 배우면서, 음식을 대하는 태도에 대해 다시 한 번 생각하게 되었다. 음식을 대할 때 더욱 감사한 마음으로, 생명의 소중함을 한 번 더 느끼게 된 계기였다.

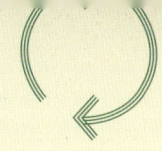

긍정하는 마음

고요함이 몸을 감싸는 아침

멀리서 전해 오는
맑은 목탁 소리에 영혼이 깨어난다.

하나의 목탁이 아닌,
도시 전체에서 여러 개의 목탁 소리가
동시에 함께 울려 퍼지는 아침이다.

영혼을 깨우며, 마음은 비우며
바르게 허리를 피고 자세를 잡고 누워서
눈을 깜박여 본다.

고요함이 몸 전체를 감싼다.
고요함 속에서 눈을 뜨고 나를 비춰본다.
귀 기울여 나를 들어본다.

멈춤을 선택할 자유

빠이는 '아무 것도 하지 않을 자유'가 있는 곳이다. 그래서 내게 매력적으로 다가왔던 여행지 중 하나이다. 빠이는 치망마이 여행자들 사이에서 유명한 여행 성지이기도 하다. 규모가 더 작고 자유로운 분위기가 있다.

하지만 빠이를 가는 길은 세 시간 반 동안 버스를 타고 370여 개의 고개 길을 넘어야 한다. 가다가 멀미하는 경우가 다반사라 일반 멀미약이 아닌 치앙마이의 독한 멀미약을 먹고 자야 한다는 친구들의 이야기를 들었다.

빠이를 방문할 계획이 원래 없었는데 빠이 여행기를 듣고, 혹해서 일정을 바꾸어 다녀오는 친구들이 많았다. 그들은 멋진 일출과 빠이만의 아무것도 하지 않을 자유를 경험하기 위해 길을 떠났다.

　친구들을 보면서 내 마음도 울렁였다. 빠이만의 히피스러운 독특한 분위기를 느껴보고 싶다는 마음이 자꾸 올라왔다. 치앙마이를 올 때 최대한 자유도를 높여 빡빡한 일정과 계획을 세우지 않았기 때문에 빠이를 가려면 갈 수 있는 시간적 여유가 되었다.

　호기심이 많아서 예전의 나였으면 친구들이 묘사했던 빠이의 아름다운 일출을 보러 분명 빠이에 갔을 것이다. 하지만 이번에는 다른 선택을 해본다. 가지 않는 것을 선택하는 것이다. 아직 370여 개 고개를 넘어가기에 건강이 완전히 회복되지도 않았을 뿐더러, 치앙마이에서는 더하기가 아니라 빼는 연습, 예전의 나와 다른 방식의 선택을 해보기 위해서이다.

　궁금한 마음, 또 가보고 싶은 마음을 잠시 접어 둔다. 그렇게 빠이는 아직 내 마음 속의 여행지로 잠시 넣어 둔다. 이 멈춤이 오히려 다음 치앙마이 방문에 대한 기대를 더하기도 한다. 370여 고개를 넘고 넘어 빠이를 다녀온 성취감보다 궁금하고 가고 싶은 마음이 드는 빠이를 일부러 가지 않음을 선택한 낯선 성취감이 밀려온다. 내게 이 선택이 얼마나 익숙하지 않은 선택인지를 알기에.

비단 여행뿐만이 아니라 일에서도 마찬가지이다. 오늘 무리 하면 조금 더 할 수 있을 듯하지만, 마음을 내려놓고 조금 아쉬울 때 욕심 내지 않고 멈추는 것. 이것이 어떻게 보면 좋아하는 일일수록 지치지 않고 번아웃을 예방하면서 오래하는 방법일 수 있다.

글을 쓰는 작업도 하루의 분량 1,000자 쓰기, 하루 4시간 작업하기 등 내 상황에 적합한 목표를 잡고, 더 하고 싶은 마음이 올라오더라도 적당한 선에서 멈추면 다음날이 기대가 된다. 반면에 끝까지 에너지를 다 써버리는 일이 반복되면 지쳐서 얼마 못 가서 멈추게 된다.

빠이라는 곳을 아껴두고 가지 않음을 선택함으로써 다시 치앙마이에 방문하고 싶은 마음이 들듯이, '아무 것도 하지 않을 자유' 위에 '내가 정한 적당한 기준에서 멈춤, 하지 않음을 선택할 수 있는 자유'를 더해 본다. 우리에겐 '멈추는 것을 선택할 자유'도 있다. 그렇게 멈추는 것을 하나씩 연습해 본다.

함께 걷는다는 것

각자 빠른 리듬의 삶의 악보를 그리다가
잠시 숨고르기를 하려는 사람들이 만났다.
베를린에서, 바르셀로나에서, 서울에서, 토론토에서
각자 서로 다른 도시에서 왔지만,
우리는 모두 다음 악장으로 넘어가기 전
숨 고르기를 연수하러 온 사람늘.

치앙마이에서 가장 높은 산 중 하나인
도인인타논을 함께 오른다.
티벳에서 온 셰르파가 길을 안내하고
한 걸음 한걸음 그 뒤를 따라 걸으며
정상을 향해 올라간다.

치앙마이에서 화전이 막 시작되는 시기,

도심 아래쪽은 하늘이 뿌옇고 탁하지만

산 정상에 가까워지자

예상치 못한 파란 하늘이 보인다.

한 발 더 발걸음을 디딜수록

한 번 더 깊은 호흡을 할수록

마음속에 뿌옇고 탁한 경계들이

점점 발밑으로 사라진다.

산 위의 청명하고 맑은 마음을 비추는

파란 하늘이 그 모습을 드러낸다.

도심의 뿌연 연기 속에 있을 때

앞이 안보여 혼란스럽고 답답했던 마음들이,

그 혼돈이 내려다보인다.

앞이 안 보일 때 너무 힘들어하지 말라고,
조금 더 힘을 내서 한 걸음씩 오르다 보면
파란 하늘이 바로 위에 있다고.

서로를 응원하며 우리는 그렇게 함께 걷는다.

좋은 날의 이유

비가 오면 토닥 토닥 떨어지는
빗소리를 들을 수 있어서 좋고,
해가 나면 세상이 반짝여서 좋고,
또 흐린 날은 분위기가 있어서 좋다.

모든 날에는 다 좋은 이유가 있다.

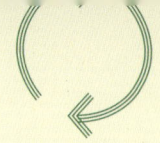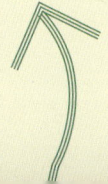

향유하는 예술

향유하는 순간이 치유의 시간

치앙마이를 예술가의 도시로 소개한 문구를 보며, 어떤 점이 그런지 오기 전부터 궁금했다. 그런데, 직접 와 보니 그 의미를 조금은 알 것 같았다.

도시 내에 예술가들이 모여 사는 아름다운 마을인 반캉왓이 있고, 예술 분야 교육이 잘 되어있는 치앙마이 대학교에서 운영하는 치앙마이 아트 센터도 유명했다. 특히 치앙마이 아트 센터에서는 다양한 아트 페어도 자주 열릴 뿐만 아니라 학생들의 작품 전시도 상시로 진행된다고 했다.

하지만, 치앙마이에서 한달 살이를 하면서 내가 느낀 바는 어떤 특정 지역이 예술적인 느낌이라기보다 도시 전체가 예술가 마을 같다는 느낌이 들었다. 아기자기한 수공예품은 길을 걸을 때마다 눈길을 사로잡고, 주말마다 열리는 선데이 마켓이나 골동품이나 중고 가구들을 전시하고 판매하는 징자이(JJ) 마켓 등을 돌아볼 때면, 특히 그랬다.

그런 소소한 일상의 예술품들은 주변의 자연과 조화를 이루어서 과하지 않는 아름다움을 느끼게 했다. 그뿐만이 아니라, 사람들은 이 소소한 일상의 예술을 잘 향유하면서 행복하게 사는 것 같았다.

'향유'라는 단어가 우리나라에서 일반적으로 많이 쓰이는 단어는 아니지만, 긍정심리학 쪽에서는 행복감을 촉진하는데 중요한 역할을 한다고 알려진 주요 연구 주제이다. 즉, 우리가 행복하고 건강하게 살려면 스트레스나 부정적인 감정을 잘 다스리고 이겨내는 것도 중요하지만, 긍정적인 경험에 대해서도 충분히 머무르며 음미하고 향유하는 것이 중요하다고 보고된다.

치앙마이의 아름다운 자연을 볼 때, 이국적이고 아기자기한 작품들을 볼 때 그 순간에 온전히 머무르며 느끼는 긍정적인 감정에, 감각과 주의를 집중했던 소소한 향유의 시간이 좋은 쉼의 경험에 깊이를 더했다. 잠시 발걸음을 멈추고 주변의 소소한 아름다움을 향유하는 그 시간이 자연스럽게 나의 치앙마이 일상에 잔잔히 스며들었다.

예술가 마을-반캉왓

기타를 연주하며 아름다운 노래를 연주하는 사람,
자연스럽게 옆에 다가가 화음을 넣어 부르는
머리에 하얀 눈이 내린 멋진 70대 할머니 여행자.

그 즉흥적이고 용기 있는 앙상블에
감탄하며 환호하는 관객들,

내가 처음 만난 오후 햇살이 아름다운
예술가 마을 반캉왓의 풍경.

수공예품을 비롯해 예술 작품을
전시하고 판매하는 공간,

그 옆에서 각자의 작품을 만드느라
자신만의 예술혼을 불태우고 있는 사람들.

예술가와 관객의 경계가 사라지는 느낌,
함께 예술가가 되어가는 그곳,
반캉왓.

예술을 사랑한다는 것

나와 다른 타인의 눈으로
세상을 기꺼이 만나고자 하는 마음
나와 다른 타인의 존재에 대한 관심과 존중.

나와 다른 고유한 존재와의 정서적 교감으로
나의 세계를 확장해나가는 것.

예술을 사랑한다는 것,
시공간을 넘어 연결된 너와 나의
마음의 현이 함께 연주되는 순간,
그 공명의 순간을 사랑한다는 바로 그것.

3부
다시 일상으로

번아웃으로부터 나를 지키며 일하는 법

"일이 우리를 존엄하게 만드는 것이 아니라,
우리가 일을 존엄하게 만드는 것이다."

-조다단 말레식

일을 통해 내 자신의 가치와 존재감을 증명해야 하는 압박감이 높은 사회일수록 일로써 충분히 내 가치를 보여주지 못할 때 우리는 우울감에 빠지기 쉽다. '나'라는 존재를 부정당한 느낌이 들기 때문이다.

'쉼'이라는 시간도 이런 관점에서는 나의 존재를 증명할 수 없는 비생산적이고 무가치한 시간으로 치부될 수 있다. 하지만 우리는 어떤 것을 위한 수단이 아니라 살아 숨 쉬는 존재 (Being) 자체로 우리는 존엄하고 소중하다.

당신이 열정을 쏟아서 생산적인 일을 하고 있든지, 혹은 그렇지 아니 하든지와 상관없이 살아 있는 존재 자체만으로 귀하고 존엄한 존재이다. 살아 숨 쉬고 있음을 느끼고, 그 사실 자체를 먼저 내가 감사히 여기고 인정할 때, 우리는 번아웃으로부터 나를 지키면서 일할 수 있다.

엇박과 정박의 조화

치앙마이에서 한 달 간 번아웃 리커버리 프로젝트 여정을 마치고 다시 일상으로 돌아왔다. 치앙마이에서 시간은 마치 나의 연구학기 동안 보낸 부캐 이름과 함께 Alee's Wonderland in Chiangmai로 기억이 된다.

서울 내 일상과는 정말 다른 속도와 리듬을 가진 나만의 원더랜드였던 곳. 내 삶의 리듬감과 속도감에 대한 내 주권을 찾기 위한 실험 장소이자, 내 서울 일상과 다른 엇박을 살게 한 경험을 안겨준 곳이었다.

그곳에서의 경험들로 인해 가기 전과 나는 좀 달라져서 돌아왔다. 건강적인 측면에서는 다행히도 공기 좋은 자연 속에서 호흡 명상을 매일 한 덕분인지 확실히 숨 쉬는 것은 한결 편해졌다. 전체적인 에너지도 한 층 더 올라왔음을 느낀다. 그리고 무엇보다 조금 더 내 삶의 박자와 속도감을 조절할 수 있는 주도적인 근육이 조금 더 생긴 느낌이다.

주변 속도와 박자 감에 조금 덜 휘둘리고, 말도 조금 더 차분해지고 느긋하게 바뀌었다. 먹는 것도 채식 위주로 식단이 바뀌었다. 한국에서는 치앙마이에서처럼 채식에 대한 많은 옵션이 없어서 아쉽긴 하지만, 선택이 가능하다면 육식을 덜 먹거나 멀리하게 되었다.

나와 주변의 연결성에 대해서 마음 챙김이 조금 더 단단해졌다. 주변 환경과 연결감은 높아지고, 내 마음의 강도가 조금 더 단단해진 느낌이다. 느긋하고 단단해진 마음과 나만의 속도로 필요에 따라 조절을 잘 해나가면서 일상을 사는 일이 오래 가면 좋겠다.

하지만 솔직히 말하면, 또 새 학기가 시작되고 지난 학기 아파서 밀린 연구 작업을 하다 보면 어떻게 달라질지 나도 아직 잘 모르겠다. 그런데도 다른 박자로 일상을 살아보는 실험했기에 주변 환경 속도와 박자에 덜 휘둘리는 삶을 연습할 수 있을 것 같다. 치앙마이에서의 엇 박의 실험이 서울에서는 어떤 리듬으로 또 연결되어 연주될까?

일상 속 지침 방지턱

서울로 돌아오고 나서 건강이 좋아졌지만, 무리하거나 공기가 조금이라도 안 좋은 곳을 가면 아직 완전히 회복이 되지 않았음을 느끼는 순간들이 있다. 다시 번아웃 상태로 빠지지 않기 위해서, 일상 속 크고 작은 지침 방지턱을 미리 설정하고 실험하는 중이다.

방지턱은 속도를 늦춰야 할 때를 알려주는 중요한 역할을 한다. 사실 빠르게 속도를 내서 달리는 것이 문제가 아니라, 달리다가 속도를 점차 멈춰야 하는 신호가 왔을 때, 그 신호를 무시하고 무리해서 계속 달릴 때가 문제이다.

무시하고 달리다 보면 사고가 난다. 일할 때도 마찬가지이다. 열심히 일하는 것이 문제가 아니라 열심히 일하다가 쉼이 필요하다는 신호가 신체적 또는 정서적으로 왔을 때 잘 알아차리고 속도를 조절하면서 잠시 멈춰서 내 상황에 맞는 쉼을 가지는 일이 필요하다.

각자가 필요한 쉼의 종류에 따라 지침 방지턱 설정 방식과 그 모양, 크기도 다를 것이다. 나의 경우에는 아래와 같이 지침 방지턱을 설정하여 루틴을 만들어 나가고 있다.

- 매일 아침에 일어나면, 잠시 누워서 호흡 명상을 하며 오늘 하루 감사한 마음으로 시작한다. 그리고 찻물을 받아서 차를 마시며 차 명상을 10분에서 15분한다. 차향을 깊게 들이마시고 음미하면서 마음을 온전히 다스린다.

- 오늘 하루 일과를 시작하기 전에 꼭 해야 할 부분과 하고 싶은 일들을 살펴보고 너무 리스트가 길지 않은지 확인한다. 하고 싶은 일이 많아도 너무 무리해서 일을 벌이지 않도록 한다. 나의 체력과 에너지 수준을 고려해서 일과를 분배하는 작업을 한다.

- 오후 4시쯤이 되면 하던 일을 잠시 멈춘다. 일하는 도중에 쉬는 시간 또는 멈추는 시간을 설정해서, '나'를 체크한다. 이 시간은 10분 또는 20분 내외로 길지 않더라도, 멈추는 것 자체로 도움이 된다.

-일 하는 것 이외에도 다양한 목표 설정을 해서 성취감을 느끼고 있다. 예를 들면, 최근에는 만 보 걷기를 야외에서 주 4일 이상 한다. 나에게는 정좌로 앉아서 하는 명상보다 자연 속에서 하는 걷기 명상이 잘 맞아서, 가능하면 야외로 나가서 걷는다. 걷기는 뇌과학에서도 좌뇌, 우뇌를 자극하면서 인지적, 신체적, 정서적 긴장감을 떨어뜨리는 활동으로 머리를 많이 쓴 날은 특히 도움이 된다.

일상 속 지침 방치턱의 기능은 여러 방면으로 아직 실험 중이다. 실험하면서 상황에 따라 추가되고 수정되는 작업을 반복할 것 같다. 중요한 것은 내가 주변이나 상황적인 속도에 떠밀리지 않고 지침 방지턱을 통해서 나의 적정 속도를 인지하고 필요에 따라 잘 조절해갈 수 있는 운전대를 잡고 있다는 것이다.

열정을 가지고 집중력 있게 빠르게 달릴 때는 속도를 내어서 달리고, 잠시 멈추고 방향을 확인해야 할 때는 속도를 늦추거나 필요하다면 잠시 정차하는 것. 일상 속 지침 방지턱을 통해 더 다양한 속도의 삶을 연습하면서 건강하고 안전하게 주행해본다.

더 큰 나와의 연결을 통한 치유

한국에 돌아와서 치앙마이에서 무엇이 나를 회복시켰는지 생각해 보면, '나'를 벗어서 '더 큰 자아'와 연결감을 통해 치유적인 경험을 했던 것 같다.

어렸을 때 아프고 기운이 없을 때마다 엄마 품에 포옥 안겨서 한숨 자고 나면 한결 기운이 나곤 했다. 그처럼 몸과 마음의 에너지가 소진되니, 대자연(Big mother)인 땅과 나무들이 주는 에너지가 더 잘 느껴졌다. 그 속에서 '나'라는 존재를 온전히 느끼고, '대자연에 연결된 나'를 경험한 것이 큰 위로와 치유였다.

아프면서 생명의 소중함이 더 절실히 느껴질 때, 주변에 살아 있는 생명체들의 소중함과 감사함이 더욱 크게 와닿았다. 치앙마이에서 내가 경험한 깊은 회복은 살아 있는 것들 존재 자체가 아름답고 신비로움을 알아차리고 그 생명들과 내가 함께 연결되어 있음을 느끼는 과정을 통해서 일어났다.

새가 노래할 때 나도 함께 노래하는 느낌, 바람이 불 때 내가 바람이 되어 함께 날아가는 느낌, 내면 깊이 주변 생명체들과 연결되는 느낌이 든다. 꽃과 풀을 바라보며 싱그럽고 푸르른 생명력을 느낀다. 회복과 치료가 필요한 코끼리들에게 비타민 볼과 대나무 쿠키를 만들어주면서, 즐거워하는 코끼리를 바라보며 같이 내 안에서도 치유가 일어났음을 뒤늦게 깨닫는다. 생명체들과 깊이 연결되는 느낌으로 하나의 더 큰 자아를 경험한다.

나와 너를 구분할 수 있는 경계가 무엇일까? 내 몸을 둘러싸고 있는 피부일까? 아닌 것 같다. 내가 만난 모든 생명체들은 또 다른 나의 층위의 나의 모습이었다.

나와 다른 생명체들이 얼마나 긴밀히 연결되었는지 느끼면서 살아 있는 모든 것들에게 다정하고 친절한 것이 나에게 다정하고 친절한 것임을, 나에게 친절하고 다정한 것이 상대에게 친절한 것임을 이제는 안다.

다정한 연결의 순간으로 우리는 치유된다.

행복의 크기

나만의 안녕을 생각할 때보다
내 가족과 내가 속한 공동체의
안녕과 행복을 생각할 때,
공동체를 넘어 우리를 둘러싸고 있는
다양한 생명체의 안녕을 생각힐 때,
나의 행복의 크기는 더욱 커지고 깊어집니다.

나의 안녕과 주변의 안녕은 서로 연결되어 있으니까요.

친절한 세상을 만드는 일

좋은 말을 하고
따뜻한 눈빛을 담아
다정한 행동을 하는 것은

나에게 그리고
또 다른 층위의 나인 너와 주변에게
좋은 파동과 에너지를 보내는 일.

나와 너를 위한 따뜻하고 친절한 세상을 만드는 일.

〈부록〉
번아웃 리커버리 가이드

부록 1.
나에게 맞는 좋은 쉼이 무엇인지 고민될 때

 이 책은 '열심히 일하고 사는 것이 위험하고 안 좋다'라는 이야기를 하는 것이 아니다. 오히려 내가 좋아하는 일을 지치지 않고 건강한 방식으로 지속적으로 잘 하기 위해서, 그리고 일을 넘어서 '좋은 삶'을 살고 싶을 때 필요한 이야기를 하고 있다. '자기 돌봄'과 '쉼'이라는 것에 대해, 개인인 나도 사회도 새로운 관점이 필요하다는 점을 나누고 이야기하고 싶은 책이다.

 나 역시 나도 모르게 '멈춤', '쉬는 것'에 대해 '내가 이래도 되나?'라는 불편한 마음, 왠지 모를 '죄책감'을 느꼈고, 이런 마음이 어디에서 온 것인지 생각하고 한 동안 들여다보는 시간을 가졌다.

《번아웃의 종말》이라는 책에서도 이야기하듯 번아웃은 개인적인 문제를 넘어 나를 둘러싸는 문화적인 영향과 환경적 영향이 오히려 더 크게 함께 존재하기 때문에, 사실 그 원인을 파악하기가 간단하지 않다. 문화권마다, 업종별로, 또 개개인이 처한 상황마다 다를 수 있다.

그리고 무엇보다 빠른 기술의 발전과 팬더믹 이후, 일하는 방식의 급격한 변화로 인해 특히 번아웃은 어떤 특정인만이 경험하는 것이 아니고 누구나 경험할 수 있다. 이처럼 우리는 피로도가 높은 시대에 살고 있다. 이런 번아웃 시대에 휩쓸려 하루하루 견디면서 수동적으로 살아내기낼 것인가? 아니면 적극적으로 번아웃에 대처할 것인가?

만약 번아웃에 적극적으로 대처하면서 우리가 원하는 일을 오래도록 잘 하면서 좋은 삶을 만들어나가고 싶다면, 살펴보면 좋을 두 가지를 나누고자 한다.

첫 번째는 '번아웃을 예방하면서 건강하게 일하는 방법'을 아는 것이다. 또는 번아웃이 이미 왔다면 잘 회복할 수 있도록 자신에게 필요한 '좋은 쉼'의 방법을 찾는 것이다.

그러기 위해서는 번아웃을 측정하고 구성하는 개념을 조금 자세히 살펴보면 도움이 된다. 번아웃을 측정하고 정의하는 여러 방법이 있는데, 그중 가장 많이 알려진 측정 도구는 매슬라크 번아웃 인벤토리(MBI)이다.

1981년 UC 버클리대학 심리학과 교수였던 크리스티나 매슬라크가 번아웃 상태를 정의하고 측정하기 위해 개발했다. 그는 번아웃에는 다음의 세 가지 하위 요인으로 구성되어 있다고 설명했다.

1. 신체적, 인지적, 감정적 수준에서 총제적인 에너지 고갈과 소진
2. 내가 하는 일에 대한 심리적 거리감, 혹은 내가 하는 일에 대해 냉소적인 태도
3. 내가 하는 일의 기여도에 대한 부정적인 자기 평가 혹은 내가 맡은 업무를 잘 해낼 수 있다는 믿음, 자기 평가가 낮은 경우

위 세 가지 요인에 모두 해당될 때 우리는 번아웃이라고 진단을 내린다. 자신이 상대적으로 더 높고 낮은 점수에 따라 지금 내게 필요한 좋은 쉼의 모습이 달라질 수 있을

것이다.

내가 만약 총체적인 에너지 고갈과 소진 중에서도 특히 신체적으로 소진이 왔다면 몸을 쉬게 하는 방법을 찾아야 할 것이다. 감정적 소진이 왔다면 내 마음을 잘 돌봐주고 토닥여주는 쉼이 필요할 것이다.

길게 휴가를 굳이 내지 않더라도 일상생활 속에서 이런 소진을 예방하고 싶다면, 내가 하는 일의 종류를 잘 살펴보고 주말에 쉴 때 다른 부분을 사용하는 것이 도움이 된다. 예를 들어, 내가 하는 일이 머리를 많이 쓰는 일을 하는 사람이라면 주말이나 쉴 때는 머리 말고 등산이나 운동 등 몸을 쓰는 활동을 하는 것이다. 좋아하는 음악을 듣는다거나 예술 작품 감상 등 정서적인 영역을 활성화시킬 수 있는 활동도 좋다.

그리고 내가 하는 일에 대한 냉소가 번아웃의 주요한 원인이 되었다면 치료적 접근법이 달라진다. 일에 대한 냉소, 즉 심리적 거리감을 가지게 된 여러 요인들 중에 일 특성과 관련된 냉소가 원인일 수도 있고 같이 일하는 사람으로 인한 것일 수도 있다. 또는 시스템일 수도 있다. 이처럼 개인별로 차이가 있을 수 있지만, 많은 경우에는 내가 하는 일의 의미를 느끼지 못할 때 냉소적이 된다고 연구에서는 보고된다.

조금 생소한 개념이지만 최근에 번아웃과 함께 주목을 받고 있는 '보어 아웃(Bore-out)'과도 연관이 있다. 보어 아웃의 의미는 말 그대로 자신이 하는 일에 지루하고 무력감을 느끼는 것, 도전 의식 없이 단조로운 반복되는 환경에서 일에 대한 열정이 낮아진 상태를 의미한다.

일에 대한 냉소나 보어 아웃 둘 다 근본적 원인을 살펴보면 바로 내 일과 삶을 통해 추구하고자 하는 의미에 대한 부재 혹은 위기가 자리 잡고 있다.

이 부분이 주요 원인이라면 내가 현재 하고 있는 일과 추구하는 삶의 의미에 대한 성찰을 통한 재평가의 시간이 도움이 될 수 있다. 현재 하는 일과 내가 추구하는 삶의 가치나 방향이 안 맞는 경우, 이 부분을 맞추기 위한 작은 시도와 노력들이 도움될 수 있다.

내가 하는 일이 궁극적으로 어떤 사람들에게 어떤 도움을 주고 있는지 구체적으로 생각해보고 이를 피부로 느낄 수 있는 방법을 찾아보는 것들이 하나의 예시 활동이 될 수 있다.

그리고 지금 하는 일이 궁극적으로 자신이 중요하게 생각하는 삶의 가치나 의미에 있어서 어떤 부분과 연결되었는지 알아보는 것이 중요하다. 그 연결들의 교집합을 찾아보고 교집합을 늘려 나가려면 지금 하고 있는 일을 어떻게 변형하거나 확대할 수 있을지 생각해보는 것도 방법이다.

마지막으로 나의 일과 관련해서 부정적인 자기 평가가 주요 원인이라면, 현재 업무와 관련된 업무 역량을 재점검해보고 필요한 부분이 있다면 적극적으로 재교육을 통해 효능감을 높일 수 있을 것이다.

다른 사람의 평가에는 관대한데 반해, 나에 대해 스스로 평가할 때 너무 비판적인 관점을 가진 사람들이 있다. 그럴 경우 내가 나에게 너무 엄격한 기준의 잣대로 나를 평가하고 스스로 채근하는 것은 아닌지 잘 살펴보면 도움이 된다.

두 번째는 내가 나의 삶의 속도를 잘 관찰하면서 시기별로 적정한 속도로 조절하면서 살아갈 수 있는 용기와 조절 능력을 키우는 것이다. 두 번째가 생각보다 중요한 이유는 우리 개인의 삶의 속도와 상황은 계속 변화하기 때문이다.

이렇게 삶을 조절하는 속도마저 옆의 사람들의 속도를 의식하기 쉬운데 이를 용기 있게 끊어내고 나에게 집중하는 것이 중요하다. 즉, 다른 사람의 속도를 너무 의식하지 말고 내가 처한 상황에서 나의 에너지 수준에 집중해본다. 그리고 현재 적정하고 필요한 박자와 속도를 스스로에게 질문하고 물어보는 일이 필요하다.

삶의 과정에서 필요한 속도는 늘 변화한다. 일을 집중해서 전력으로 달려야 하는 빠른 속도가 필요한 순간도 있고, 건강에 문제가 생기거나 또는 우리 삶에서 가족과 아이가 생길 때 등 중요한 삶의 전환점에 따라 잠시 속도를 늦춰야 할 때가 있다.

나의 현재 적정한 속도는 다른 누구보다 내가 가장 잘 안다. 나를 잘 관찰하다 보면 속도를 높여야 할지 늦추어야 할지 여러 신호들이 온다. 그 신호는 신체적 신호일 수도 있고, 감정적 신호일 수도 있다. 또는 나와 아주 가까운 지인이 내 행동이나 표정을 보고 피드백해줄 수도 있다.

신호가 왔을 때 무시하지 않는 것, 그 신호를 잘 수신해

주고 지금 내가 처한 상황에서 시도할 수 있는 '자기 돌봄 모드'를 켜는 것, 그것이 바로 지금 우리가 할 수 있는 것들이다.

Worksheet

부록 2. 나에게 좋은 쉼을 찾기 위한 질문들

1. 과거 내가 가장 잘 쉬었다고 느꼈을 순간을 떠올려 봅시다. 어떤 상황에서 내가 잘 쉬었다는 느낌을 받았나요?

2. 지금 현재 나에게 필요한 쉼의 키워드에는 어떤 것들이 있나요?

Worksheet

3. 위에 키워드들을 최대한 경험 할수 있는 장소나 공간이 있다면 어떤 곳일까요?

4. 그 경험을 위해 필요한 시간은 얼만큼인가요?

Worksheet

5. 위에서 생각한 쉼의 경험을 나의 삶 속으로 가져오기 위해 지금 할 수 있는 작은 행동들은 무엇이 있을까요?

_____

_____

_____

_____

_____

_____

Note

닫는 말

 사진과 글을 정리하면서 제가 경험했던 치유와 회복의 순간들이 떠올라서 감사하고 행복한 마음으로 작업했습니다. 책을 직접 디자인하고 만들어 보는 과정을 즐거운 배움의 시간으로 만들어 주신 서범상 선생님께도 이자리를 빌어 깊은 감사의 마음을 전합니다.

 이 책에 담긴 실험과 기록은 코로나 후유증으로 시작된 번아웃의 특성과 저의 개인의 특성이 담긴 '좋은 쉼'에 대한 기록과 실험이였습니다. 우리에게는 각자 상황과 특성에 따라 저마다의 좋은 쉼이 필요합니다. 잠시 멈춤의 시간, 치유와 회복이 필요하신 분들께 하나의 샘플노트로써 각자의 좋은 쉼을 향한 답을 찾는데 도움이 되셨기를 바랍니다.

요가 수업이 끝나면 늘 나누었던 "나마스테"라는 인사가 있습니다. 그 뜻은 "나의 우주(신성)가 당신의 우주(신성)에 존경의 마음을 담아 인사합니다"라고 합니다. 그리고 "우리의 우주가 서로 연결되어 있음에 감사합니다"라는 의미도 있다고 합니다.

제가 치앙마이 한 달 살이를 통해 실험하고 경험한 좋은 쉼은 바쁘다는 핑계로 잘 들여다보지 못했던 제 안의 우주를 오롯이 만나는 시간이었습니다. 보통 '쉼'과 '일'을 반대에 놓인 두 축이라고 생각하거나 또는 '쉼의 시간'을 비생산적이라고 생각할 것입니다. 그러나 제가 만난 '좋은 쉼'의 순간들은 어느 때보다 제자신을 더 창의적이게 만들고, 스스로와의 연결감을 강화시켜 '지금 여기 내가 존재함'에 대한 감각들을 온전히 깨우는 시간이었습니다. 그리고 주변에 서로 연결된 생명체들의 아름다움을 알아차리고 기쁘게 만나는 순간들을 선사해 주었습니다

내 안의 우주를 있는 그대로 존중해주고 귀하게 대해주는 것, 그리고 우리의 일상이 바쁘더라도 잠시 멈추고 나와 연결된 또 다른 우주인 타인에게 조금 더 다정하고 친절하게 대하는 것. 그 다정함과 친절함으로 우리가 더 건강하게 연결될 수 있기를 바랍니다.

번아웃 리커버리 프로젝트- 치앙마이

1판 1쇄   2023년 7월 10일

글・사진	이항심
편집	박지혜
디자인	이항심
펴낸이	김동명
펴낸곳	도서출판 창조와 지식
인쇄처	(주) 부모아

출판등록번호_제2018-000027호
주소 서울특별시강북구덕릉로144
전화   164401814
ISBN   979-11-6003-616-9 (03660)
정가 16,000원

이 책은 저작권법에 따라 보호받는 저작물이므로 무단 전재와 무단 복제를 금지하며, 이 책 내용을 이용하려면 반드시 저작권자와 도서출판 창조와 지식의 서면동의를 받아야 합니다. 잘못된 책은 구입처나 본사에서 바꾸어 드립니다.

이 책은 산돌구름 산돌 폰트를 지원받아 표지 Sandoll 단편선 바탕, Sandoll 정체, 내지 Sandoll 정체, Sandoll 단편선 바탕, Sandoll 고딕Neo3를 사용하여 제작했습니다.